AKADEMIE DER WISSENSCHAFTEN UND DER LITERATUR

ABHANDLUNGEN DER

GEISTES- UND SOZIALWISSENSCHAFTLICHEN KLASSE

JAHRGANG 1996 · NR. 2

Herstellungsversuche an dem Text der *Crône* Heinrichs von dem Türlin

mit neuhochdeutscher Übersetzung und Kommentar

von

WERNER SCHRÖDER

AKADEMIE DER WISSENSCHAFTEN UND DER LITERATUR · MAINZ

FRANZ STEINER VERLAG · STUTTGART

Vorgelegt in der Plenarsitzung am 24. Juni 1995,
zum Druck genehmigt am selben Tage, ausgegeben am 4. März 1996.

Die Deutsche Bibliothek – CIP-Einheitsaufnahme

Schröder, Werner:
Herstellungsversuche an dem Text der Crône Heinrichs von
dem Türlin : mit neuhochdeutscher Übersetzung und
Kommentar / von Werner Schröder. Akademie der
Wissenschaften und der Literatur. Mainz. – Stuttgart : Steiner,
1996
   (Abhandlungen der Geistes- und Sozialwissenschaftlichen Klasse /
   Akademie der Wissenschaften und der Literatur : Jg. 1996, Nr. 2)
   ISBN 3-515-06900-3
NE: Heinrich <von dem Türlin>: Crône; Akademie der Wissenschaften
   und der Literatur <Mainz> / Geistes- und Sozialwissenschaftliche
   Klasse: Abhandlungen der Geistes- …

© 1996 by Akademie der Wissenschaften und der Literatur, Mainz.
Alle Rechte einschließlich des Rechts zur Vervielfältigung, zur Einspeisung in elektronische
Systeme sowie der Übersetzung vorbehalten. Jede Verwertung außerhalb der engen Grenzen
des Urheberrechtsgesetzes ist ohne ausdrückliche Genehmigung der Akademie und des
Verlages unzulässig und strafbar.
Satz und Druck: Offizin Chr. Scheufele, Stuttgart
Printed in Germany
Gedruckt auf säurefreiem, chlorfrei gebleichtem Papier

Inhaltsverzeichnis

Vorwort

Die deutsche Philologie mediävistischer Observanz widmet sich seit Jahr-
zehnten schon vorzugsweise sogenannter Gebrauchsliteratur des späteren
Mittelalters. Viel benutzte Wörterbücher wie der *Vocabularius Ex quo* oder
die *Elsässische Legenda aurea* sind besser ediert als manche Versromane des
13. Jahrhunderts. Gewiß gab es da einiges nachzuholen, ein Grund zur Ver-
nachlässigung der poetischen Texte war das nicht. Wir lesen viele Dichtungen
noch in Ausgaben, die hundert und mehr Jahre alt sind. Alle Benutzer klagen
darüber, daß sie veraltet seien oder von Anfang an unzulänglich waren.
Jedoch, es fehlen die Arbeiter, die Hand anlegen wollen. Dazu möchten die
hier vorgelegten ‚Versuche‘ Mut machen. Sie sind, wie vorausgehende zur
Arabel Ulrichs von dem Türlin oder zu Albrechts *Jüngerem Titurel,* fern von
Sonderforschungsbereichen oder Forschergruppen, ohne Mitarbeiter, Hilfs-
und Schreibkräfte, und ohne Computer in abgeschiedener Gelehrtenklause
entstanden, nicht anders als die Editionen des 19. Jahrhunderts, von denen wir
noch immer zehren. Und sie ermangeln der Vollständigkeit und Perfektion,
die aufwendige Arbeitsstellen versprechen und manchmal auch liefern. Dem
Verfasser dieser ‚Versuche‘ würde es genügen, wenn sie einen Anstoß zu
editorischer Bemühung gäben: um einen umfangreichen Text, der ihrer seit
langem bedarf.

Marburg, Roter Hof, 20. September 1995,
am 20. Geburtstag meiner Tochter Gyburg   W. S.

1
Einleitung

Hie vohet sich an dis bůch das da genant ist der abentůre Crone das da saget
von dem Edeln kůnige artus von sinem houe vnd von maniger hand geschiht.
So beginnt in der einzigen vollständigen Handschrift, dem Heidelberger Cod.
Pal. Germ. 374 (P) von 1479, der mittelhochdeutsche Versroman, den sein ehr-
geiziger Verfasser, Heinrich von dem Türlin, als eine Art Summa des literari-
schen Traumes von einer idealen höfischen Welt mit dem König Artus als Mit-
telpunkt gedacht zu haben scheint. Der Titel *Allr Aventiure Krone* taucht
zuerst im literarischen Exkurs des *Alexander*-Romans Rudolfs von Ems
(v. 3219 f.) auf und geht vielleicht nicht auf den Dichter selbst zurück. Das
Werk ist sehr schlecht überliefert. Der Cod. Vindob. 2779 (V) aus der ersten
Hälfte des 14. Jahrhunderts, der somit anderthalb Jahrhunderte älter ist als der
Heidelberger, enthält nur etwas mehr als Zweifünftel des Textes. Außerdem
gibt es noch fünf Fragmente von geringem Umfang.
Es ist dem Begründer des Stuttgarter Litterarischen Vereins, A. von KELLER,
zu danken, daß dieser Roman schon relativ früh (1852) von G. H. F. SCHOLL
als Band XXVII der Bibliothek des Litterarischen Vereins herausgegeben
worden ist.[1] Mit der Ausgabe war niemand zufrieden. Schon Moriz HAUPT
hielt den Herausgeber für überfordert, und von einem heutigen Benutzer ist
sein Text als geradezu „entstellend" getadelt worden, was „eindringendere
Untersuchungen" unmöglich mache.[2] Einer von den wenigen, die sich im
Laufe von 140 Jahren um seine Besserung bemüht haben, A. LEITZMANN, war
immerhin so gerecht, die „als hoffnungslos verderbt" bezeichnete „Überlie-
ferung der *Krone*" für die unzureichende Edition verantwortlich zu machen.[3]
Mindestens, daß er es besser zu machen versuchte, müßte man von einem
Richter über SCHOLLS – gar nicht zu bestreitende – Unzulänglichkeiten
erwarten dürfen. Dazu aber hat sich fast anderthalb Jahrhunderte lang

---

[1] *Diu Crone* von Heinrich von dem Türlin, zum ersten Male hrsg. von Gottlieb Heinrich
Friedrich SCHOLL, StLV XXVII, Stuttgart 1852.

[2] Franz Josef WORSTBROCK, Über den Titel der *Krone* Heinrichs von dem Türlin, ZfdA 95
(1966) 182–186; hier S. 182.

[3] Albert LEITZMANN, Bemerkungen zur *Krone* Heinrichs von dem Türlin, PBB 49 (1925)
444–456; hier S. 444.

niemand bereit gefunden. Von Müllenhoff geht die Mär, die S. Singer von Edward Schröder erfahren haben will, daß er sich und seine Schüler jahrelang mit der Kritik der *Crone* beschäftigt und „sein Handexemplar der Schollschen ausgabe als teilweise druckfertiges manuscript einer kritischen edition betrachtet" habe. Leider sei ihm das Buch „im anfang der siebziger jahre […] auf ungeklärte weise abhanden gekommen".[4] Wenn er's dabei bewenden ließ, kann das Editionsvorhaben kaum sehr weit gediehen gewesen sein.

Abgesehen von zwei Doppelblättern aus Linz (LA 3 II / 4e = D), die Schatz als zu V gehörig erwies[5], ist zu den Scholl bekannten Textzeugen inzwischen nicht viel hinzugekommen, das zur Wiederaufnahme des textkritischen Geschäfts ermutigt hätte. Denn den ältesten überhaupt, das Berliner Blatt Mgf 923,9 = G vom Ende des 13. Jh.s, zu dem auch das nur noch in Kolbs Abdruck[6] erhaltene g gehört, hat Scholl bereits gekannt. Alle Überlieferungsträger sind im Litterae-Band Nr. 95 zusammengestellt und kurz beschrieben.[7]

Zu der Misere der Überlieferung gesellt sich unser fast völliges Nichtwissen über den Dichter der *Crone*. Seinen Namen *Heinrich von dem Türlin* zwar hat er im Text des Prologs (v. 246f.) und zusätzlich in einem Akrostichon (v. 182–216) und später noch einmal (v. 10443f.) deutlich zu erkennen gegeben, aber weder Ort noch Jahr seiner Wirksamkeit. Über seinen literarischen Erfolg hat Rudolf von Ems im Dichterkatalog seines *Alexander* (v. 3220–3228) berichtet, und obwohl es auch mit dessen genauer Datierung seine Schwierigkeiten hat, kann man errechnen, daß *Diu Crone* nicht vor 1230 entstanden sein wird.[8] Das Berliner Fragment wäre dann immer noch rund 50 Jahre von der Fertigstellung des Romans entfernt, aber keine 100 wie V oder

[5] Josef Schatz, Zur Handschrift V der *Krone*, ZfdA 69 (1932) 335.

[6] Chr. Kolb, Bruchstück aus *Der Aventiure Krone*, Germania 31 [Neue Reihe 19] (1866) 116f.

[7] Heinrich von dem Türlin, *Diu Krone*. Ausgewählte Abbildungen zur gesamten handschriftlichen Überlieferung, hrsg. von Klaus Zatloukal, Litterae Nr. 95, Göppingen 1982, S. 7–9. – In meiner Aufzählung der Textzeugen zur *Crone*, ZfdA 121 (1992) 173, sind Fußnoten falsch zugeordnet. Die Fußnote 28, die auf den Wiederabdruck von Diemers Erstveröffentlichung von D durch F. Wilhelm / R. Newald verweist, ist irrtümlich hinter Mgf 923,9 = G geraten, deren Abdruck durch F. U. Gräter, Reste verlorener Werke, in: Iduna und Hermode. Eine Altertumszeitung für 1814 und 1815 (3. und 4. Jg.), S. 47f. und 51 unerwähnt geblieben ist

[8] Dazu zuletzt ZfdA 121 (1992) 131–134.

gar 250 wie P. Seine Sprache weist an den Nordrand des Bairischen wie die von V ins Bairisch-Österreichische, und, wo immer er gelebt und gewirkt hat, in dieser Sprachlandschaft muß Heinrich von dem Türlin beheimatet gewesen sein.

Wie im parallelen Falle von Strickers *Daniel,* kommt kein Herausgeber der *Crone* an der Aufgabe vorbei, eine Annäherung an den von Heinrich von dem Türlin wirklich gedichteten und so im 13. Jahrhundert gelesenen Text zu versuchen. Ein diplomatischer Abdruck des Heidelberger Cpg 374 (P) von 1479 wäre hauptsächlich für den Sprachhistoriker von Interesse. Ob der für den pfälzischen Kurfürsten abgeschriebene Roman bei diesem selbst noch mehr als antiquarisches oder bibliophiles Gefallen gefunden hat, und ob seine Kenntnis noch über die kurfürstliche Bibliothek hinausgedrungen ist, wissen wir nicht. Das war bei Strickers *Daniel* anders, denn es gibt aus dem 15. Jahrhundert fünf vollständige Handschriften. Gleichwohl hat sich dessen erster Herausgeber G. Rosenhagen zu Recht nicht mit der überlieferungskritischen Edition einer ‚Gebrauchsfassung‘ begnügt.

Für die *Crone* scheint der Weg zum verlorenen Original sogar günstiger zu liegen dank dem Berliner Fragment vom Ausgang des 13. Jh.s (G+g) und der halben Überlieferung im Vindob. 2779 nebst Linz 3 II/4e (V+D). Die ist zwar erst 100 Jahre nach der Entstehung des Romans abgeschrieben worden, jedoch mit großer Wahrscheinlichkeit in der weiteren bayrisch-österreichischen Heimat und in der korrespondierenden Mundart des Dichters. Die zum Teil einschneidenden Veränderungen, die diese inzwischen erfahren hatte, wären mit Hilfe des Berliner Fragments rückgängig zu machen. Ob die schmale Basis von knapp 200 Versen dazu ausreicht, steht allerdings dahin. Auf jeden Fall dürfte seine Sprache und Schreibweise der des Dichters am nächsten stehen, und an ihr müßte sich die Normalisierung von V+D orientieren. Die nicht wenigen Fehler von V+D sind damit nicht ausgeräumt und ohne die Hilfe der auch nicht fehlerfreien, aber öfter besseren Handschrift P nicht auszuräumen. Vollends wie mit P zu verfahren ist, wo sie allein steht, wäre wohl erst nach versuchter Herstellung des ganzen auch durch V+D überlieferten Werkteils neu zu bedenken. Das Ziel muß ein Text sein, wie ihn Rudolf von Ems vor sich hatte, nicht wie er im 14. oder 15. Jahrhundert abgeschrieben wurde. Wenn schon Ungenauigkeiten in Kauf genommen werden müssen, sollten sie auf dem Wege zum Original hin liegen, nicht von ihm wegführen.

Auf diesem Wege zu der längst nötigen kritischen Ausgabe des 30 000 Verse umfassenden Romans können meine Herstellungsversuche bestenfalls ein Anfang sein, in vier exemplarischen Schritten:

Nr. 1   die am besten überlieferte Partie v. 2735–2810 und 3122–3262 nach
        Gg, V und P;
Nr. 2   der Prolog v. 1–313 nach V und P;
Nr. 3   der Epilog v. 29910–30000 nach P;
Nr. 4   die Handschuhprobe v. 23006–24699 nach P.

Die Auswahl ist im Grunde willkürlich bis auf Nr. 1, die als Basis der Normalisierung dient. Bei Nr. 2 hatte ich nur V und P zur Verfügung, und für Nr. 3 und 4 mußte ich mit P allein auskommen. Prolog und Epilog verdienen als Quellen für Heinrichs Kunstanschauung vordringliches Interesse. Die Handschuhprobe ist bequem aus der Romanhandlung herauszulösen und läßt sich auch als selbständige Episode lesen.

Man wird finden und einwenden, daß es in der *Crone* Partien gibt, deren überlieferter Text mit mehr Korruptelen behaftet ist und der Heilung bedürftiger als gerade die Handschuhprobe, mit welcher SCHOLL – von ein paar unverstandenen Stellen abgesehen – ganz leidlich zurechtgekommen ist. Ich wollte jedoch nicht bloß – wie SINGER und LEITZMANN – gesammelte Besserungsvorschläge, die mir bei der Lektüre von SCHOLLS Ausgabe gekommen sind, ausschütten, sondern an einem größeren zusammenhängenden Stück vorführen, wie ein bereinigter Text von Heinrichs Roman aussehen könnte. Die Handschuhprobe ist überdies eine für seine Erzählweise besonders typische Episode und, wie mir scheint, eine besonders gelungene.

2
Der Probetext

Am Beginn unserer Herstellungsversuche muß die Frage stehen, ob und wie-
weit eine Annäherung an die Sprache Heinrichs von dem Türlin möglich ist.
Da wir seine Heimat nicht kennen, wissen wir auch nicht sicher, von welcher
Mundart auszugehen ist. Lange hatte man ihn für einen Kärntner gehalten, bis
KRATZ die dafür vorgebrachten Argumente als wenig tragfähig erwies.[9]
KRANZMAYER, der daran festhalten wollte, nannte ihn wegen seiner mittelbai-
rischen Reime $\bar{u}$: *ou* einen „verwienerten Adoptivkärntner".[10] Nach seiner
Karte 17 erstreckte sich dieser Gleichklang bis ins Nordbairische, und dahin
gehört das älteste Fragment Gg. Bairisch-österreichisch ist die Sprache der
Crone jedenfalls. Daß es dem besten Kenner dieser Sprachlandschaft nicht
möglich war, sie genauer zu lokalisieren, braucht nicht zu verwundern. Seit
Heinrich von Veldeke sind die mittelhochdeutschen Dichter bestrebt, sich ei-
ner überregionalen Sprache zu befleißigen. Das geschieht vornehmlich um der
geforderten Reimreinheit willen. Die Reime sollten bei der Umsetzung ihrer
Texte in eine andere Mundart oder auch nur bei Vortrag und Lektüre durch
deren Sprecher nicht beschädigt werden. Wenn wir dem Zeugnis von Gg
trauen dürfen, hätte die literarische Sprache Heinrichs von dem Türlin nicht
viel anders ausgesehen als die Wolframs von Eschenbach.

Um einen Eindruck von dem Sprachstand der drei hauptsächlichen Textzeu-
gen zu vermitteln, stelle ich zunächst diplomatische Wiedergaben von Gg, V
und P für die 200 parallel überlieferten Verse 2735–2810 und 3122–3262 ne-
beneinander. Da g nur als Abdruck KOLBS erhalten ist, ist die handschriftliche
Treue für die Verse 2735–2810 nicht ganz gesichert. Nasalstriche und *er*-Kür-
zungen nebst *sp^ach* = *sprach* werden aufgelöst. Durch Beschädigung der
Handschrift fehlende oder unleserliche Wörter und Wortteile in Gg stehen in
gebrochenen Klammern.

Das Fragment G benutze ich nach der Abbildung in Litterae 95, S. 49 f. Für V
und P besitze ich vollständige Kopien nach Mikrofilmen, die mir die Öster-

---

[9] Bernd KRATZ, Zur Biographie Heinrichs von dem Türlin, Amsterdamer Beitr. z. Älteren
Germanistik 11 (1976) 123–167.

[10] Eberhard KRANZMAYER, Historische Lautgeographie des gesamtbairischen Dialektrau-
mes, Wien 1956, S. 66.

reichische Nationalbibliothek und die Heidelberger Universitätsbibliothek
zur Verfügung gestellt haben, wofür ich mich bei den Leitern der Handschrif-
tenabteilungen geziemend bedanke.

Germania 31,116f. (g)

2735 daz sie nicht entochten
ergen in einem iare
ir sult sulcher vare
disen gůten knecht erlazen
vnd sult uch eben mazen
40 einen recken der nach prise vert
swie wol ir uch da erwert
des bin ich vur uch vro
daz vrvmet vch nicht nadel zwo
do sprach Key aber do
45 **Kvnic** vnd herre mich dvnket des
ich engelte zv vch ichn weiz wes
daz ir mir so gehazze sit
ez ist ein vil cleiner nit
den ich wider in trage
50 vnd ist er nicht gar ein zage
swez er hie hat gebeten
daz enlat er nicht vndertreten
⟨sit⟩ erz wol ⟨haben⟩ mac
vnd sin bete daran lac
55 swer mich darumbe schendet
vnd mir ez missewendet
der tut mir micheln gewalt
⟨m⟩ir ist sam dem der es engalt
des er nie nicht genoz
60 ⟨swie⟩ ich tvn so ⟨ist⟩ zv groz

Vindob.2779 (V)

daz si niendert mohten   139^{vc}
ergen in einem iar
ir sult selher var
disen gůten chneht erlazen
vnd sult ivch eben mazen
einen reken der nah preise vert
swie wol ir ivch da erwert
dez bin ich vür ivch vro
ditz gefrumt iv niht nadel zwo
da sprach Key aber do
Kvnich vnd herr mich dvnchet dez
ich entgelt ziv ich enweis wez
daz ir mir so gehaz seit
ez ist ein vil chleiner neit
den ich wider in trage
vnd ist er niht gar ein zage   140ra
swez er hie hat gebeten
daz enlat er niht vndertreten
seid ers wol haben mach
vnd sein bet dar an lach
swer mich dar vmb schendet
vnd mirs missewendet
der tůt micheln gewalt
mir ist sam dem der es engalt
dez er nie genoz
swie ich tvn so ist zegroz

Cpg 374 (P)

das sie nye enmohten   45^{r}
ergen in einem jar
ir sollent solchen var
disen gůten kneht erlaßen
vnd sullen üch eben maßen
einen recken der nach prise vert
wie wol ir üch da erwert
des bin ich für üch fro   45^{v}
das befrummt üch nit ein nadel zů
da sprach Kay aber da
Kvnig vnd herre mich bedůnckt das
ich engelten geyn üch ich enweiß wes
das ir mir so gehaß sijt
es ist vil ein cleyner nijt
den ich widder ine trage
vnd ist er nit gar ein zage
was er hie hat gebetten
das enleßt er nit vndertretten
sitt er es wol gehaben mag
vnd sine bedt dar an lag
wer mich dar vnder schendet
vnd mir es missewendet
des tůt mir micheln gewalt
mir ist als dem der des engalt
des er nye nihts genoß
wie ich tůn so ist es zugroß

2741 erwehrt

2761 min missetat hie vnd da
von schulden ist der wolf so gra
wan swaz er in der werlt tut
ez si vbele oder gut
65 man hat ez doch vur arc
wer ist so selig vnd so karc
der volliclich bi sinen tagen
al der werlt mvge behagen
den hete uf dirre erde
70 mit vil grozem werde
frowe Selde gestiuret
swer mich untivret
der neme bi mir ⟨bilde⟩
⟨vnd werd der schanden wilde⟩
75 vnd zihe sich nach dem besten lobe
ich lige vnder er swebet obe
an der Selden rade
swa ich mich vberlade
mit schanden daz ist min schade

80 Dirre bot tet sam ein man
der sinen worten borgen kan
vnd der aller siner sache flucht
hat zv der obersten zucht
her Key hofelichen sprach
85 ob mir die vnzvcht geschach
daz ich sin habe gegert
so ist die genade lobeswert
daz ich so snelle gewert bin

mein missetat hie vnd da
von schulden ist der wolf gra
wan swaz er in der werlt tut
ez sei übel oder gůt
wan hat ez doch vür arch
wer ist so sælich vnd so karch
der vollechleich bei seinen tagen
allr der werlt mög behagen
het vf dirr erde
mit vil reichem werde
vrowe Sæld gestiuret
swer mich so vntivret
der nem bei mir bilde
vnd werd der schanden wilde
vnd zieh sich nah dem besten lobe
lig ich vnder er sweb obe
an der sælicheit rade
wan swa ich mich überlade
mit schanden daz ist mein schande

Dirre bot tet sam ein man
der seinen worten borgen kan
vnd der allr siner sache vlucht
hat zeobristen zuht
her Key er houelichen sprach
ob mir div vnzvht geschach
daz ich sein han gegert
so ist div genad lobes wert
daz ich so snelle gewert bin

min missedat hie vnd da
von schulden ist der wolff so gra
wenn was er in der welt tůt
es sij vbel ader gůt
das haltet man ime als für arg
wer ist so selig vnd so karg
der da volliclichen by sinen tagen
aller der welt můge behagen
den hete vff diser erde
mit vil richem werde
frauwe Selde gestüret
wer mich vntüret
der nem by mir bild
vnd werde der schanden wild
vnd ziehe sich nach dem besten lob
lige ich vnden er sweb ob
an der Selden rate
wa ich mich vberlade
mit schanden das ist min schade

Dirre bott ted als ein man
der sinen wortten borgen kan
vnd der aller siner sache fluht
hat zů der obristen zucht
her Kay er hübschlichen sprach
ob mir die vnzucht gescheh
das ich sie han begert
so ist die gnad lobes wert
das ich so snell gewert bin

zwar vnd schiede ich also hin	dest war schaid ich also hin	deßhalb scheid ich also hin
2790 daz ich sin neme nicht	daz ich sein næm niht	das ich sie neme niht
daz aber nimmer geschicht	daz aber nimmer geschiht	das aber nymmer geschiht
so were ich wol zv schelten	so wær ich wol zeschelten	so were ich wol zů schelten
ir sult des nicht engelten	ir schúlt dez niht engelten	ir sollent des nit engelten
daz ir mir so bereit sit	daz ir mir so bereit seit	daz ir mir so bereit sint
95 swaz man so willeclichen git	daz man so willichleichen geit	was man so williclichen git
daz mac man gern enphahen	daz mak man gern enphahen	das mag man gern enpfahen
ich wil min widergahen	ich wil mein wider gahen	ich wil min widder gahen
durch vch lan beliben	durch iv lan beleiben	durch vwern willen laßen bliben
ir muget mich nicht vertriben	ir mugt mich niht vertreiben	ir mögent mich nit verdrijben
2800 mit so genediclichen geheiz	mit so genædechleichem geheiz	mit so gnediclichem geheiß
wan daz got selber weiz	wan daz got selbe weiz	wenn das got selber weiß
daz ez min selbes wille ist	daz ez mein selbes wille ist	das es min selbs will ist
waz touc beiten lenger vrist	waz touch beiden langer vrist	was batt vns beide lenger frist
5 sit wir des willen sin bereit	seit wir dez willen sein bereit	wijle wir des willen sint bereit
vnd vns der svzen arbeit	vnd vns der svzen arbeit	vnd vns der süßen arbeit
beide also wol gezimet	beiden also wol gezimet	beyden so wol zymmt
die rede vil zite benimet	div rede vil zeites benimet	die red so uil der zijt benymmt
vnd mac so nimmer ergan	vnd mak nimmer ergan	vnd mag so nymmer ergen
ir mvzet mich zv orsse besten	ir mvzt mich ze ors bestan	ir müßent zů roß mich besteen
10 als ir selbe habet gedacht	als ir selber hant gedaht	als ir selbs haben gedaht

140rb

46v

2792 wvl.   2803 Was.

Mgf 923,9 (G)

1ra

3122 nv hat gevrvmet dirre tac
vil starc an vwerm prise
wan ichz manigem bewise
25 der sin e nicht enweste
da mache ich in so veste
daz in nieman mac verwerten
den wil ich beherten
vch swa ich in landes bin
30 daz wirt vwer eren gewin
mit dirre rede schiet er hin

Do er vrlovb het genvmen
do was Key her vur kvmen
vnd stvnt bi dem gaste
35 er sprach ir ilet zu vaste
daz ist nicht bescheiden
ir sult von den meiden
vnd von miner frowen e
vrlovb nemen e daz erge
40 vnd scheidet danne hinnen
sie han vch zv minnen
behalden manic gut cleinot
von gimme vnd von luterm golde rot
des sie in alles hant gedacht
45 darvmbe daz ir habet bracht
minem herren disen kopf her

Vindob. 2779 (V)

141ra

iv hat gefrumet dirre tak
vil gar an iwerm preise
wan ichs mangen beweise
der sein e ninder west
da mach ich so vest
daz in niemen mak verwerten
daz lob wil ich so behelten
iv swa ich in landes bin
daz wirt iwer eren gwin
mit dirre rede schied er hin

Do er vrlop het genomen
nv waz Key her vur chomen
vnd stünt bei dem gaste
er sprach ir eilt zevaste
daz ist niht bescheiden
ir sult von dem maiden
vnd von meinr vrowen e
nemen vrlop e daz erge
vnd scheidet dann hinnen
si hand ivch ze minnen
behalten manik güt chleinot
von gimmen vnd ouch von gold rot
dez si in alles hant gedaht
dar vmb daz ir hant braht
meinem herren disen kopf her

Cpg 374 (P)

51v

ych hat gefrvmmt dirre tag
vil starck an vwerm prijse
wenn ich sin manige wijse
der sin vor nit enweste
des mach ich jne so veste
daz jne nyeman mag verwertten
din lob wil ich beherten
ymmer wa ich landes bin
das würt vwer eren gewynn
mit diser rede schied er hin

Als er nü vrlob hatt genomen
so was Kay her für komen
vnd stunt by dem gast
er sprach ir ylent zu vast
das ist nit bescheyden
ir sollent von den meyden
vnd von myner frauwen e
vrlob nemen e das ergee
vnd scheydent denn von hynnen
sie haben üch zu mynnen
behalten manig güt cleynot
von gymme vnd von luterm golde rot
des sie in alles hant gedacht
darvmb daz ir habent bracht
minem herren disen kopff her

wenn er ist des ir gewer
das sie kúsch vnd one valsch sint

52r
so rich kost lijt dar an
von getúre vnd von gezierd
nů wissent das sin begird
brach den antheiß Dyogini
von der gúte was er da bi
der aller hand gezierde floh
vnd sich nach einem manne zoh
den er by einem bronnen vant
da er das wasser mit der hant
warff gein sinem mund
wenn er sin nit enkund
anders in dheine wise gewynnen
den sitten begunde er mynnen
das er sin silber vnd sin gold
niht lenger by yme dold
vnd was yme starck vnmere
er iach das er were
yme vnnútz dar nach
laßent úch nit wesen gach
biß ir die gabe enpfahet
ob ir e von hynnan gahent
sie gedechtent es were úch versmehet

---

wan er ist dez gewer
da sie cheusch vnd an valsch sint

141rb
so reichiv kost leit dar an
von tivr vnd von gezierde
nv wisset daz sein girde
brach den anthaiz von Degeny
von der gút ward er da by
der allr hand gezierde vloch
vnd sich nah einem manne zoch
den er bei einem brvnnen vant
do er daz wazer mit der hant
warf gen seinem mvnde
wan er sein niht enchvnde
anders niht gewinnen
den sit begund er minncn
daz er sin silber vnde golt
niht lenger bei im dolt
vnd ward im starch vnmær
er iah daz er wer
im gar vnnutz dar nah
lat iv niht wesen gah
vntz ir die gab enphahet
ob ir hinne gahet
si wand si iv versmahet

---

wan er ist des ir gewer
48 daz sie kusche vnd ane falsch sint

3155 ⟨so ri⟩che kost leit d⟨ar an⟩
von tuwer vnd von g⟨ezierde⟩
nv wizzet daz sin wird⟨e⟩
breche den antheiz Diog⟨eni⟩
von der gute wer er der⟨bi⟩
60 der allerhande gezierde vloch
vnd sich nach einem manne zoch
den er bi einem brvnne vant
da er daz wazzer mit der hant
warf gein sinem mvnde
65 wan er sin nicht enkvnde
anders keinen wis gewinnen
den siten begvnde er minnen
daz er sin silber vnd sin golt
nicht lenger bi im verdolt
70 vnd wart im starc vnmere
er iach daz ez were
im vnnvtze darnach
lat vch nicht sin zv gach
vntz ir die gabe entpfahet
75 ob ir e hinne gahet
sie wanden sie vch versmahet

1rb

3177 Dirre rede wart vil gelachet
daz Key was so verswachet
vnd noch des spottes nicht vergaz
80 da bi sult ir wizzen daz
swer spottes alle wege pfliget
daz den kein laster bewiget
swie dicke ez im wider vert
wan er ez also vber bert
85 wider manigen von emzikeit
dem er spottes ist bereit

Dirre red wart vil gelachet
daz Key waz so verswachet
vnd noch dez spotes niht vergaz
da pei sult ir wissen daz
swer spotes alle weg phliget
daz den dehein laster bewiget
swie oft er im widervert
wan er ez also überbert
wider mangem von emzecheit
dem er spotes ist bereit

52ᵛ

Dirre rede wart vil gelacht
das Kay was so verswacht
vnd des spottes noch nit vergaß
da bi so sollent ir wissent das
wer spottes alwegent pfligt
das den kein laster bewegt
wie dick es yme widder vert
wenn er es also widderbert
widder manigen von emßikeit
dem er spottes ist bereit

1ᵛᵃ

3193 ⟨vnd kurzwi⟩le manicualt
⟨als si d⟩a vor ist gezalt
95 ⟨vnd noch⟩ ir vbertuwer
⟨von dir⟩re auentuwer
die nv zv hofe kvmen was
der was burc vnd palas
vnd die stat vol vberal
3200 wan ez allenthalben erhal
swa iendert zwene gesazen
da wart daz nicht verlazen
da wurde vil von gereit
vnd ir zit wurde daran geleit
05 sus wert der hofe dri tage
mit sulcher vreude als ich sage
in vil grozem vollen

vnd churtzweil manigvalt
als si da vor ist gezalt
vnd noch ir übertivre
von dirre auentivre
div nv zehove chomen waz
der was burch vnd palas
vnd div stat vol über al
wan ez allenthalben erschal
swa inder zwen gesazen
da enwart daz niht verlazen
da wurd vil von gereit
vnd ir zeit wurd dar an geleit
svst wert der hof drei tage
mit selher vröd als ich sage
in vil grozem vollen

vnd kurtzwijle manigfalt
als es da vor ist gezalt
vnd nach ir v̇bertüre
von dirre auentüre
die nů zů houe was komen
der was burg vnd palaß
vnd die stat vol v̇ber al
wenn es allenthalben erschal
wa irgent zwen saßen
von den wart nihts verlaßen
dann wůrd von jne gereit
vnd ir zijt wurd dar an geleit
also werte der hoff dry tag
mit solchen freuden als ich sage
in vil großem vollen

3198 esvas

schiere vlouc ein mere erschollen
von einem garzvne
10 daz ein tvrnei vor Jaschvne
vber dri tage solde sin
den het grafe Riwerlin
wider den kvnic Glays dar genvmen
swer darzv wolde kvmen
15 der fvnde groze ritterschaft
da von der lantschaft
vnd von den vnchunden
die ritter daz begvnden
alle triben vnder in
20 vnd bereiten sich daz sie da hin
tovgen kerten nach lobes gewin

Gawein zv dirre rede sprach
ez wirt vil starc vngemach
minem herren wirt er sin gewar

1ᵛᵇ

3232 vnd ritten gemeinlichen dan
kvme wir zv Brezilian
e er sin werde innen
35 so kvme wir wol von hinnen
daz er vns nicht erriten mac
wan zwar verslefet er den tac
also schiere als er erwachet

---

schiere vloug ein mær erschollen
von einem garzune
daz ein turnay von Yaschvn
vber drei tag solde sein
den het grave Rivelein
widern chünch Glays genomen
swer dar zŭ wolt chomen
der vrund groz riterschaft
da von der lantschaft
vnd von den vnchunden
di riter daz begunden
alle triben vnder in
vnd berieten sich daz si da hin
tougen kerten nah lobes gewin

141ʳᶜ

Gawyn zedirre rede sprach
ez wirt vil starch vngemach
meinem herren wirt er sein gwar

vnd riten gemeinlich dan
komen wir ze Brezilian
e er sein werd innen
so chomen wir wol hinnen
daz er vns niht erreiten mac
wan zwar verslaffet er den tak
also schier so er erwachet

---

gar bald wart ein mere erschollen
von einem garzune
das ein turney von Jaschune
vber drij tage solte sin
den hett graue Riweidin
widder den künig Klays dar genomen
wer dar czů wolt komen
der fünde groß ritterschafft
da von die lantschafft
vnd von den vnkunden
die ritter das begunden
alle triben vnder jne
vnd bereiten sich daz sie da hyn
taugen kerten nach lobes gewynn

53ʳ

Gawein zů dirre rede sprach
es würt vil groß vngemach
minem herren würt er es gewar

vnd rijten gemeinlich von hynnen
biß wir kommen gen Brecilian
e denn er sin würt ynnen
so kommen wir wol von hynnen
das er vns nit herrijten mag
wenn czware verslaffet er den tag
wie schier er denn erwachet

53ᵛ

ich weiz wol daz er sich uf machet
40 nach vns zvhant vf die sla
vindet er vns danne nahen da
so mvze wir wider keren
daz mac mit vnsern eren
nimmer wol ergen
45 daz wir danne hie besten
sit er vns gekvndet ist
swer vnder vns der fruwest ist
e ez wol beginne tagen
der sal den andern allen sagen
50 daz sie sich bereiten
ditz sal aber nieman breiten
vnder daz gesinde
daz ez icht ervinde
min herre kvnic Artus
55 wan so ist die rede vmbe sus
vnd wurden wir ez verwendet
da mite was ez verendet
vnd bereiten alle sich darzv
des andern morgens vil vrv
60 riten sie alle gemein
als in geriet her Gawein
von dem hofe di besten

ich weiz wol daz er sich machet
nah vns zehant auf die sla
vindet er vns danne da
so mv̊z wir wider cheren
daz mak mit vnsern eren
nimmer wol ergen
daz wir danne hie besten
seit er vns gechvndet ist
swer vnder vns der vrv̊st ist
e ez wol beginne tagen
der sol den andern allen sagen
daz si sich beraiten
ditz sol aber nimen breiten
vnder daz gemein gesinde
daz er iht ervinde
mein herr chunich Artvs
wan so ist div red vmb svs
vnd wurden wirs erwendet
....
vnd bereiten sich alle dar zv̊
dez andern morgens vil vrv̊
riten si alle gemein
als in geriet her Gawein
von dem hove di besten

ich weiß wol daz er machet
na vns für czu hand vff die sla
vindt er vns denn nahe da
so müssen wir wyder keren
das mag mit vnsern eren
nymer wol ergeen
das würt denn hie besteen
sitt er vns verkündet ist
wer vnder vns der früwest vf ist
e es wol begynnet zü tagen
der sal es den andern allen sagen
das sie sich bereiden
dis sal aber nyeman breyden
vnder das gesind
das es icht befind
min herre künig Artus
es were anders die rede vmb sust
vnd würden wir wendig
also wart die rede volendet
vnd bereiten sie sich al dar zü
des andern morgens vil frü
ritten sie alle gemeyn
als jne denn riet her Gaweyn
von dem houe die besten

So wie es in Gg zu lesen ist, könnte Heinrich von dem Türlin sein Gedicht geschrieben haben. Die Form des mittelhochdeutschen Reimpaarverses war vorgegeben und mit ihm der viertaktige Rahmen und der reine Reim. Es ist ein Vers mit fester Taktzahl, bedingt freier Füllung und stumpfen oder klingenden Kadenzen. Neben Versen mit einsilbigem Auftakt gibt es auftaktlose und solche mit zweisilbigem. Im Versinnern begegnen sowohl einsilbige Takte (beschwerte Hebungen) wie Takte mit zwei- und mehrsilbiger Senkung. Überlange Verse mit fünf Takten sind wohl nicht prinzipiell auszuschließen, obwohl sie in unserm kurzen Textstück nicht auftreten.

Heinrich v. d. Türlin hat sein Versepos außerdem in ungleichversige Abschnitte gegliedert, die mit Schmuckinitiale beginnen und mit Triplet schließen. Diese Gliederung ist auch in den beiden späteren Handschriften festgehalten, der Dreireim fast immer, während die Schmuckinitialen öfter fehlen. In der Regel bilden die Abschnitte auch eine relative inhaltliche Einheit. Um sie deutlicher hervortreten zu lassen, teile ich sie, wie SCHOLL, durch eine Leerzeile ab und lasse sie mit Majuskel beginnen, bei handschriftlich gesicherter Schmuckinitiale halbfett, sonst normal.

Die Basis für den hergestellten Text bilden Gg, deren Lautungen und Schreibungen in der Hauptsache die normalmittelhochdeutschen sind. Verringerung der Taktzahl infolge von Synkopierungen und Apokopierungen, Vermehrung durch überflüssige Füllwörter in V und P wären dem Text fernzuhalten.

Ein Problem stellt die schon seit dem 12. Jahrhundert vom Süden des Sprachgebiets ausgehende (nhd.) Diphthongierung von /ī/ > /ai/, /ū/ > /au/ und /iu/ > /öu/ dar. Der im Bairisch-Österreichischen beheimatete Heinrich v. d. Türlin dürfte schon Diphthonge gesprochen haben, doch müssen sie deswegen nicht in seine Dichtung Eingang gefunden haben. Sie fehlen in Gg wie in P, und es ist von vornherein wahrscheinlicher, daß sie erst in V eingeführt sind, als daß sie in Gg und P rückgängig gemacht worden sein sollten.

Der Schreiber von V ist sich seiner Diphthonge auch nicht ganz sicher. *ei* < ī gilt auch im Reim, soweit die Reinheit nicht tangiert ist. Im Versinnern schreibt V *cheusch* (v. 3148) statt *kiusche*, in Reimstellung jedoch noch *übertivre : auentivre* (v. 3195 f.). *ou* < ū kommt in unserem Textstück zufällig nicht vor. Heinrich v. d. Türlin hat jedoch Reime von altem /ou/ auf neues /au/, beide *ou* geschrieben, gelegentlich zugelassen: *uf : kouf* (v. 23875 f., 24217 f.), besonders bei Dreireimen: *gerumet : versumet : getroumet* (v. 23465–23467), die in seiner Mundart reine Reime waren. Ob er auch *ouf, geroumet, versoumet* geschrieben und P das rückgängig gemacht hat, muß offen bleiben. Als Möglichkeit zum mindesten sind solche Reime im Auge zu behalten, doch gibt es gute Gründe für die Annahme, daß Heinrich v. d. Türlin die neuen Diphthonge seiner Dichtung im Interesse überregionaler Verbreitung (von ein paar Ausnahmen abgesehen) noch ferngehalten hat. Heinrich schaut nach Westen. Um 1230 ist die Sprache Hartmanns, Gottfrieds und Wolframs als maßgebend anzusehen. Ich mache die Diphthongierung in V rückgängig, lasse aber die Reime von *u* : *ou* so bestehen. Vielleicht könnte eine vergleichende Statistik der Schreibformen aller Handschriften mehr Sicherheit schaffen. Meine Herstellungsversuche müssen einstweilen mit der Unsicherheit leben.

Die Normalisierung der Phoneme und ihrer graphischen Wiedergabe erfolgt im Anschluß an Gg, der V noch relativ nahe steht, bis auf die bereits durchgeführten Diphthongierungen sowie häufige Synkopierungen und Apokopierungen, die auch P hat. Sie werden verseshalber beseitigt. Desgleichen die Vermischung von /s/ und /ʒ/. Alle nicht bloß graphischen Änderungen werden im Apparat vermerkt.

Die auch in Gg öfter ausgelassene Negationspartikel *ne* / *en* wird, wo sie fehlt, ergänzt im Anschluß an die von CORMEAU / GÄRTNER in der 6. Auflage von LEITZMANNS Ausgabe des *Erec* befolgten Regeln (dort S. XXV f.).

An der Leithandschrift Gg werden die folgenden graphischen Vereinfachungen oder Verdeutlichungen vorgenommen:

> *i* / *j* und *u* / *v* werden nach vokalischer und konsonantischer Funktion unterschieden;
> handschriftliche Wiedergaben von mhd. /ü/, /iu/, /üe/, /uo/ durch *u* / *v*, von mhd. /æ/ durch *e* und von mhd. /ie/ durch *i* werden nicht beibehalten;
> die Artikelform *die* für Nom. Sg. F. und Nom. Acc. Pl. N. wird durch *diu* ersetzt;
> das Pronomen *uch* wird als Acc. *iuch* und Dat. *iu* unterschieden;
> statt *zv* schreibe ich je nach metrischen Erfordernissen *ze* oder *zuo*.

Die wechselnden Schreibungen der Konsonanten werden nach folgenden Regeln vereinheitlicht: es gelten

> für mhd. /p/ : *p*
> mhd. /pf/ : *pf* / *ph*
> germ. /f/ : im Anlaut und intervokalisch: *v*
>   in Konsonantenverbindungen und im Auslaut: *f*
> ahd. /f/ : inlautend nach Langvokal u. Liquida sowie im Auslaut : *f*
>   nach Kurzvokal : *ff*
> mhd /k/ : inlautend: *k*
>   auslautend : *c*
>   in der Gemination : *ck*
> mhd. /kw/ : *qu*
> mhd. /g/ : anlautend, intervokalisch und im sekundären Auslaut
>   durch Apokope : *g*
>   auslautend : *c*

germ. /h/ : anlautend und in Konsonantenverbindungen: *h*
          auslautend nach Vokal : *ch*
ahd. /h/ : nach Vokal : *ch*
         nach Liquida : *h*
mhd. /t/ : anlautend, inlautend, auslautend : *t*
         nach *l* und *n* : *d / t*
         geminiert : *tt*
ahd. /d/ : anlautend und inlautend : *d*
         auslautend : *t*
mhd. /tz/ : *z / tz*
mhd. /ʒ/ : auslautend sowie inlautend nach langem Vokal : *z*
         nach kurzem Vokal : *zz*
mhd. /s/ : *s*
mhd. /sch/ : *sch*

Die Regulierungen berücksichtigen, daß die mittelbairischen Handschriften V+D in ihrer Schreibweise der für Heinrichs Original zu vermutenden manchmal näher geblieben sein können.

Alle Eingriffe in die Graphie von Gg erfolgen im hergestellten Text ohne Angabe im Apparat.

Verbesserte Fehler, ergänzte oder ersetzte Wörter werden im kritischen Text kursiviert und im Apparat notiert.

Die in G durch Beschnitt verloren gegangenen Verse 3149–3154, 3187–3192 und 3225–3231 sind nicht aus V und P ergänzt.

Den Namen *Key* GgV, *Kay* P schreibe ich immer zweisilbig *Keii*.

Außer Fehllesungen und Konjekturen SCHOLLS (Sch.) werden noch Besserungsvorschläge der folgenden Gelehrten mit Sigle im kritischen Apparat vermerkt:

    Ba. = BARTSCH,   Akrostichon bei Heinrich von dem Türlin, Germania 25 (1880) 96 f.

    Wa. = WARNATSCH, *Der Mantel* (1883)

    Si. = SINGER,   Textkritisches zur *Krone*, ZfdA 38 (1894) 250–272

    Lei. = LEITZMANN,   Bemerkungen zur *Krone* Heinrichs v. d. T., PBB 49 (1925) 444–456

    Er. = EHRISMANN,   Zur *Krone* Heinrichs v. d. T., PBB 20 (1895) 66–79

    Gü. = GÜLZOW,   Zur Stilkunde der *Krone* Heinrichs v. d. T. (1914); Textbesserungen S. 228–248

    X. = bessernde Gelehrtenhand 19. Jh.s in P.

Die Interpunktion ist grundsätzlich von mir. SCHOLLS öfter abweichende zu verzeichnen, hätte den Apparat über Gebühr aufgeschwellt. Die muß der Benutzer gegebenenfalls in seiner Ausgabe nachlesen, die für das Ganze ohnehin unentbehrlich bleibt.

2735 ›daz si niht entohten
　　　ergen in einem jare.
　　　ir sult solher vare
　　　disen guoten kneht erlazen,
　　　und sult iuch ebenmazen
40　 einem recken der nach prise vert.
　　　swie wol ir iuch da erwert
　　　(des bin ich vür iuch vro),
　　　daz *en*vrumet iu niht nadel zwo‹.
　　　do sprach Keii aber do:

45　 ›**Künec** und herre, mich dunket des,
　　　ich engelte ziu ichn weiz wes,
　　　daz ir mir so gehazze sit.
　　　ez ist ein vil kleiner nit,
　　　den ich wider ine trage.
50　 und *en*ist er niht gar ein zage,
　　　swes er hie hat gebeten,
　　　daz enlat er niht under treten,
　　　⟨sit⟩ erz wol ⟨gehaben⟩ mac
　　　und sin bete dar an lac.
55　 swer mich darumbe schendet
　　　und mir ez missewendet,
　　　der tuot mir michelen gewalt.
　　　⟨m⟩ir ist sam dem der es engalt,
　　　des er nie niht genoz.

V: 139^{vc}/ P: 45^r

P: 45^v

V: 140ra

2735 niendert *V*, nye *P,Sch.*　　mohten *V*, enmohten *P,Sch.*　　37 solchen
P.　　39 sullen *P.*　　iu *Gü.*　　40 Einen *g(Kolb)P,Gü.*　　43 Ditz *V,*
Sch.　　vrvmet *g(Kolb)*, gefrumt *V,Sch.*, befrummt *P.*　　44 Da *VP.*　　da
P.　　45 bedünchet *P.*　　das *P,* dez *Sch.*　　46 engilte *Sch.*　　zv vch *G,* geyn
úch *P.*　　49 in *g(Kolb)V,Sch.*　　50 ist *g(Kolb)VP,Sch.*　　51 Swez *g(Kolb)V,*
Was *P.*　　53 haben *V.*　　55 vnder *P,Sch.*　　57 mir *om. V.*　　micheln
g(Kolb)VP.　　58 sam] als *P.*　　dem *om. V,Sch.*　　es] des *VP,Sch.*　　59
nichts *P,om. V.*

2760 〈swie〉 ich tuon, so 〈ist〉 ze groz
      min missetat hie und da.
      von schulden ist der wolf so gra:
      wan swaz er in der werlde tuot,
      ez si übele oder guot,
  65 man hat ez ime doch vür arc.
      wer ist so sælic und so karc,
      der volleclich bi sinen tagen
      al der werlt müge betragen,
      den hete uf dirre erde
  70 mit vil grozem werde
      vrouwe Sælde gestiuret.
      swer mich untiuret,   *P: 46ͬ*
      der neme bi mir 〈bilde〉
      〈und werde der schanden wilde〉
  75 und ziehe sich nach dem besten lobe.
      lige ich unden, er swebet obe
      an der Sælden rade.
      swa ich mich überlade
      mit schanden, daz ist min schade‹.

  80 **D**irre bot tet sam ein man,
      der sinen worten borgen kan,
      und der aller sache vluht
      hat zuo der obersten zuht.

2762 so *om. V.*   63 werlt *g(Kolb)VP.*   65 Das haltet man ime als für
P.   Daz hat man ime *Sch.*   Wan *V.*   ime *om. g(Kolb)V.*   66 selige
g(Kolb).   67 da volliclichen *P.*   68 Allr *VP.*   behagen *Sch.*   69 Den
om. V.   hæte *Sch.*   70 reichem *VP,Sch.*   72 mich so *V,Sch.*   76 Ich
lige *g(Kolb).*   vnder *g(Kolb)V,Si.*   sweb *VP,Sch.*   77 sælicheit
V,Sch.   rate *P.*   78 Wan swa *V,Sch.*   80 sam] als *P.*   82 aller siner
g(Kolb)P, Si.   83 zeobristen *V,* zer oberisten *Sch.*

2784 ›her Keii‹, er hovelichen sprach,
  85 ›ob mir diu unzuht geschach,
daz ich sin habe gegert,
so ist diu genade lobes wert,
daz ich so snelle gewert bin.
zwar und schiede ich also hin,
  90 daz ich sin næme niht –
daz aber nimmer geschiht –,
so wære ich wol ze schelten.
irn sult des niht engelten
daz ir mir so bereit sit.
  95 swaz man so willeclichen git,
daz mac man gern enphahen.
ich wil min wider gahen
durh iuch lan beliben.
irn muget mich niht vertriben
2800 mit so genædiclichem geheiz,
wan daz got selber weiz
daz ez min selbes wille ist.   *V:140ʳᵇ*
waz touc beiten lenger vrist,
sit wir des willen sin bereit,   *P:46ᵛ*
  5 und uns der süezen arebeit
beiden also wol gezimet.
diu rede vil zite benimet
und enmac so nimmer ergen,
irn müezet mich ze orse besten,
  10 als ir selbe habet gedaht‹.

2784 er *om. g(Kolb)*.   hübschlichen *P*.   85 gescheh *P*.   86 sin] sie
P.   han *Sch*.   begert *P*.   89 Dest war schaid *V,Sch*., Deßhalb scheid
P.   90 sin] sie *P*.   93 Ir *g(Kolb)VP,Sch*.   95 Daz *V*.   98 iv *V*, vwern
willen *P*.   99 Ir *g(Kolb)VP,Sch*.   2800 genediclichen *g(Kolb)*.   1 selbe
V,Sch.   3 Was batt vns beide *P,Sch*.   4 Wijle *P*.   sint *P*.   5 arbeit
g(Kolb)P.   6 Beide *g(Kolb), Si*.   so *P*.   7 so uil *P,Sch*.   zeites *V*, der
zijt *P,Sch*.   8 mac *g(Kolb)VP,Sch*.   so *om. V*.   9 Ir *g(Kolb)VP*,
Sch.   zů roß mich *P*.   10 selber *V,Sch*., selbs *P*.   hant *Sch*.

3122 ›nu hat gevrumet dirre tac   *G:1ra/ V:141ra/ P:51^{v}*
       vil starc an iuwerm prise,
       wan ichs manegen bewise,
  25   der sin e niht enweste.
       da mache ich in so veste,
       daz in niemen mac verwerten.
       den wil ich beherten
       iu, swa ich landes bin.
  30   daz wirt iuwer eren gewin‹.
       mit dirre rede schiet er hin.

       Do er urloup het genomen,
       do was Keii her vür komen
       und stuont bi dem gaste.
  35   er sprach: ›ir ilet ze vaste.
       daz *en*ist niht bescheiden.
       ir sult von den meiden
       und von miner vrouwen e
       urloup nemen, e daz erge
  40   und scheidet danne hinnen.
       si han*t* iuch ze minnen
       behalden manec guot kleinot
       von gimme und von luterm golde rot,
       des si in alles hant gedaht
  45   darumbe, daz ir habet braht
       minem herren disen kopf her.

3122 Iv *V,Sch.*, Vch *P.*   23 starc] gar *V,Sch.*   24 ichz *G,* ich sin *P,*
Sch.   manigem *G,* manige *P.*   wijse *P,Sch.*   25 e] vor *P.*   nînder
V.   26 Des *P.*   in *om. V.*   28 Daz lop *V,* Din lob *P,Sch.*   so behelten
V.   29 Ymmer wa *P,Sch.*   in landes *V.*   32 er nů *P.*   hatt *P.*   33
Nv *V,* So *P,Sch.*   36 ist *GVP,Sch.*   37 den] dem *V.*   39 Nemen vrlop
V.   40 von hynnen *P.*   41 han *G,Sch.*   43 gimmen *V,Sch.*   ouch von
V.   luterm *om. V, Sch.*   44 in] iu *Sch.*

3147   wan er ist des ir gewer,
        daz si kiusche und ane valsch sint.

3155   ⟨so ri⟩chiu kost lit d⟨ar an⟩,   *G:1ʳᵇ/ P: 52ʳ*
        von tiuwer und von g⟨ezierde⟩.
        nu wizzet daz sin wird⟨e⟩
        bræche den antheiz Diogeni⟩-
        von der güete wær er der ⟨bi⟩-,
 60   der allerhande gezierde vloch
        und sich nach einem manne zoch,
        den er bi einem brunne*n* vant,
        da er daz wazzer mit der hant   *V:141ʳᵇ*
        warf gein sinem munde,
 65   wan er sin niht enkunde
        anders keinen wis gewinnen.
        den site begunde er minnen,
        daz er sin silber und sin golt
        niht lenger bi im verdolt,
 70   und wart im starc unmære.
        er jach daz ez wære
        im unnütze dar nach.
        lat iu niht *wesen* gach,
        unz ir die gabe entpfahet.
 75   ob ir e hinne gahet,
        si wanden si iu versmahet‹.

3147 ir *om. V.*   3155 rich *P.*   leit *GV.*   56 getúre *P,Sch.*   57 wirde]
girde *V,Sch.*, begird *P.*   58 Brach *VP,Sch.*   von Degeny *V.*   59 Von der
gelten *Si.*   ward *V*, was *P,Sch.*   da bi *Sch. Si.*   62 brvnne *G.*   63 Do
V.   66 in dheine wise *P*, niht *V, om. Sch.*   67 siten *GP.*   68 sin – sin
om. V.   69 dolt *VP,Sch.*   70 was *P,Sch.*   71 ez] er *VP,Sch.*   72 gar vn-
nutz *V.*   73 sin zv *G.*   74 Biß *P.*   75 von hynnen *P.*   76 wand *V*, ge-
dechtent *P.*   si iu] es were úch *P.*

3177 **D**irre rede wart vil gelachet,
      daz Keii was so verswachet
      und noch des spotes niht vergaz.
  80 da bi sult ir wizzen daz:
      swer spotes alle wege pfliget,
      daz den kein laster bewiget,
      swie dicke ez im wider vert.   *P: 52ᵛ*
      wan er ez also über bert
  85 wider manegen von emzikeit,
      dem er spotes ist bereit.

3193 ⟨und kurzwi⟩le manecvalt   *G: 1ᵛᵃ*
      ⟨als si d⟩a vor ist gezalt,
  95 ⟨und noch⟩ ir übertiure,
      ⟨von dir⟩re aventiure,
      diu nu ze hove komen was.
      der was burc und palas
      und diu stat vol überal,
3200 wan ez allenthalben erschal.
      swa iendert zwene gesazen,
      da enwart daz niht verlazen,
      dane wurde vil von gereit,
      und ir zit wurde dar an geleit.
   5 sus wert der hove dri tage
      mit solher vreude, als ich sage,
      in vil grozem vollen.

3179 spottes noch nit *P.*   80 so sollent *P,Sch.*   81 alwegent *P.*   82 dehein
V.   83 oft er im *V.*   84 widderbert *P.*   94 sie] es *P,Sch.*   95 nach *P,*
Sch. vbertuwer *G.*   96 auentuwer *G.*   3200 erhal *G.*   1 irgent *P.*   2
Von den wart nihts *P.*   wart *G.*   des *Sch.*   3 Dann *P,* Dane
Sch.] Da *GV.*   vil von] von ine *P,Sch.*   4 wurde *om. Sch.*   5 Also
P.   werte *P,Sch.*   6 solchen freuden *P,Sch.*   sulcher *G.*

3208 schiere vlouc ein mære erschollen
      von einem garzune,
  10 daz ein turnei vor Jaschune
      über dri tage solde sin.
      den het grave Riwerlin
      wider den künec Glays genomen.
      swer dar zuo wolde komen,   *V: 141ʳᶜ*
  15 der vunde groze ritterschaft   *P: 53ʳ*
      da von der lantschaft
      und von den unkunden.
      die ritter daz begunden
      alle triben under in
  20 und bereiten sich, daz si da hin
      tougen kerten nach lobes gewin.

      Gawein ze dirre rede sprach:
      ›ez wirt vil starc ungemach
      minem herren, wirt er sin gewar,

3232 und riten gemeinlichen dan.   *G: 1ᵛᵇ*
      kome wir ze Brezilian,
      e er sin werde innen,
  35 so kome wir wol von hinnen,
      daz er uns niht erriten mac.
      wan zwar verslafet er den tac.

3208 Gar bald wart ein *P.*   10 vor] von *VP.*   12 Riwalin *Sch.*   13 dar
genvmen *GP.*   16 der] die *P.*   20 berieten *V.*   23 groß *P.*   32 gemein-
lich von hynnen *P.*   33 Biß wir komen gen *P.*   34 e denn *P.*   wůrt
P.   37 verslefet *G.*

3238   also schiere als er erwachet,
        ich weiz wol, daz er sich uf machet
40   nach uns zehant uf die sla.
        vindet er uns danne da,
        so müeze wir wider keren.
        daz *en*mac mit unsern eren
        nimmer wol ergen,
45   daz wir danne hie besten,
        sit er uns gekündet ist.   *P: 53^v*
        swer under uns der vrüewest ist,
        e ez wol beginne tagen,
        der sol den andern allen sagen,
50   daz si sich bereiten.
        ditz *en*sol aber niemen breiten
        under daz gesinde,
        daz ez iht ervinde
        min herre, künec Artus.
55   wan so ist diu rede umbe sus
        und würden wir *es* verwendet‹.
        da mite was ez verendet,
        und bereiten alle sich dar zuo.
        des andern morgens vil vruo
60   riten si alle gemein,
        als in geriet her Gawein,
        von dem hove die besten.

3238 Wie schier er denn *P.*   als] so *V.*   39 sich *om. P.*   uf *om. VP.*   40
für czu hand *P.*   41 nahen da *G,* nahe da *P,Sch.*   43 mac *GVP,Sch.*   45
wir] würt *P.*   46 verkündet *P,Sch.*   47 vf ist *P.*   48 wol] vol *Sch.*   be-
gynnet zů *P.*   49 sal *GP.*   es den *P.*   51 sol *V,Sch.,* sal *GP.*   52 daz ge-
mein *V.*   53 ez] er *V.*   bevinde *Sch.*   55 Es were anders die *P.*   56 ez
G, om. P.   erwendet *V,Sch.,* wendig *P.*   57 *fehlt V.*   Also (So *Sch.*) wart
die rede volendet *P,Sch.*   58 sich alle *V,* sie sich al *P,Sch.*   61 denn riet *P.*

3
Der Prolog
(v. 1-313)

So wie der Probetext auf Grund des für die *Crone* günstigsten Überlieferungs-komplexes hergestellt ist, dürfte er nach dem Willen des Dichters auch gelautet haben. Vom Prolog, für den nur V und P, und erst recht vom Epilog, für den nur noch P zur Verfügung steht, ist das nicht mit gleich annähernder Wahrschein-lichkeit zu behaupten. Immer wenn V und P auseinander gehen, wächst die Un-sicherheit. Keine der beiden Handschriften ist so eindeutig besser, daß man sie allein zugrunde legen oder auch nur prinzipiell vorziehen müßte.

Übervolle Verse, die den metrischen Rahmen sprengen, werden in der Regel zu erleichtern sein. Welche Füllwörter einem der Schreiber besonders leicht in die Feder fließen, wäre durch eine Gesamtstatistik erst noch zu ermitteln. Vielfach ist die Entscheidung zwischen zwei Lesarten allein nach inhaltlichen Kriterien zu treffen. Und wo beide Handschriften ersichtlich irren, hilft nur eine Konjektur des Herausgebers. Wenn man sie nicht riskieren will, ist der überlieferte Text nicht überall heilbar, obwohl der vom Erzähler beabsichtigte Sinn selten zweifelhaft ist.

Wie ich den Text verstehe, ist vorab meiner von derjenigen SCHOLLS oft ab-weichenden Interpunktion zu entnehmen. Doch habe ich mich damit nicht begnügt, sondern eine fortlaufende neuhochdeutsche Übersetzung beigege-ben. Sie ist weder interlinear noch zeilengetreu und hauptsächlich dazu be-stimmt, den vom jeweiligen inhaltlichen Zusammenhang geforderten Sinn aufzuschließen. Ich gestehe, daß ich ihm, wo auch der hergestellte Text ihn nicht ohne weiteres hergeben wollte, manchmal etwas aufgeholfen habe.

Die Wörterbücher lassen den Suchenden oft im Stich. BENECKE/MÜLLER/ ZARNCKE haben die *Crone* erst im letzten Bande noch berücksichtigt. LEXER hat sie zwar ausgiebig herangezogen, aber nur ausnahmsweise der zitierten Textstelle auch die ihr angemessene Übersetzung beigegeben. Die Bedeu-tungsansätze, denen er sie zugeordnet hat, passen meist nur ungefähr. Für die *Crone* Heinrichs v. d. Türlin kommt LEXERS Mittelhochdeutschem Wörter-buch allenfalls der Rang eines Findebuchs zu. Da bleibt für das geplante Neue Mittelhochdeutsche Wörterbuch noch einiges zu tun.

Mir ist nicht bekannt, daß der Text der *Crone* überhaupt schon einmal Vers um Vers übersetzt worden ist, und ich will mich gerne von denen belehren las-sen, die bessere Verneuhochdeutschungen anzubieten haben.

Das den Namen des Dichters erstmals preisgebende Akrostichon v. 182-216
HEINRICH VON DEM TVRLIN HAT MICH GETIHTET wird durch
Majuskeln am Anfang jeder Zeile herausgehoben.
Die Normalisierung erfolgt ohne Angaben im Apparat. Notiert werden nur
Wortersatz und grammatisch relevante Abweichungen. Der Text stützt sich
auf V und P. Abweichungen von beiden kursiv.

Ein wise man gesprochen hat,
daz diu rede missestat,
diu ane witze geschiht.
ouch *en*vrumet der sin lützel iht,
5   den ein man in ime treit:
swer gedenket und niht reit,
daz ist als schadebære
sam er ein tore wære.
waz mac gevrumen sin kunst
10 ane rede und ane gunst?
verborgen schaz und wistuom,

die *ne*sint ze nutze selten vrum:
rede mit wistuom vrumet.
vil *dicke* daz kumet,
15 daz an der rede vælt der sin
unde stet gar ane gewin.
doch wæne ich, er selten gesiget,
der des alle wege phliget
daz er sin swert ziehe
20 und da mit wider vliehe,
e er deheinen slac gesleht.
swer den ruhen ziegel tweht,
der sihet ie lenger dicke hor.
so er ie lenger vliuhet vor,
25 so im der sige ie verrer ist:

---

4 frumet *VP, Sch.*   der sin] es ine *P.*   5 in ime] ein *V.*   6 Wer da
P.   niht] mer *V,* nie *Gü.*   7 als] so *P,Sch.*   8 Als ob *P.*   11 Ver-
borgener *P.*   12 sint *VP,Sch*   selten] cleine *P,Sch.*   14 dicke] ofte *V,*
entzeclichen *P,* emezeclichen *Sch.*   15 an der] one *P.*   17 wenn er *P,* wæn
er *Sch.*   18 alwegen *P.*   19 erziehe *V.*   23 diker *VP,Sch.*   24 ie lenger]
ieme *P,* iemer *Sch.,* ie mere *Si.*

 1 Ein weiser Mann hat gesagt,
    reden ohne Verstand
    sei vom Übel.
    Aber auch die Einsicht,
 5 die ein Mann für sich behält, hilft wenig:
    was einer bloß denkt und nicht ausspricht,
    ist für ihn ebenso nachteilig,
    wie wenn er ein Dummkopf wäre.
    Wozu kann all sein Wissen nützen,
10 solange es ungesagt und unvernommen bleibt?
    Denn gleich wertlos ist
    wie ein verborgener Schatz verschwiegenes Wissen:
    geschätzt wird kluge Rede.
    Nur zu oft beobachtet man leider,
15 daß es der Rede an Sinn mangelt
    und dann dem Sprecher nur schadet.
    Der kann niemals siegen,
    der sein Schwert
    immer bloß zieht
20 und damit flieht,
    bevor er einen Schlag getan hat.
    Wer einen rohen Ziegel wäscht,
    hat bald lauter Lehm in der Hand.
    Je weiter einer flieht,
25 desto ferner rückt ihm der Sieg.

26   da wirt diu gimme in den mist
      getreten ane gewizzen.
      er sol vil wol wizzen,
      swer vehten unde vliehen sol,
30   wie in sin schirme stiure wol:
      wan diu werlt also stet.
      disiu rede mich an get:
      wan mir ist leider benomen
      daz ich der gar volkomen
35   einer wol geheizen müge.
      ouch swüere ich wol, daz ich züge
      von den toren ein teil.
      ane vilanie meil
      laze mich unheil!

40   **M**ir ist ouch diu rede kunt,
      daz dehein menschlicher munt
      müge gar sünden wandel sin.
      ich enger ouch niht, daz der min   *P: 2ʳ*
      si gar wandels ane.
45   nach menschlichem wane
      merket man des mannes sin.
      ob ich der sinne bœser bin,
      daz sol man mir vertragen.

---

29 Der *P.*   30 Der bedarf gůter witz wol *V.*   31 Wan im ze fliehen oft ge-
schiht *V.*   32 Dem zagen so er swert pleken sicht *V.*   33 Wān chan ein
vogel gevliehen *V.*   34 Ob in dĭ vedern leiht triegen *V.*   35 wol] vil
V.   mæht *V.*   36 Ich fůr auch wol ob ich mȯht *V.*   37 teil] heil *V.*   38
Vnd spræch gern ane *V.*   39 Liez mich mein *V.*   41 munt] funt
P,Sch.   42 Mag *P,Sch.*   sünden] one *P,Sch.*   43 So begere ich niht
P,Sch.   auch der *P,Sch.*   46 Růmet *P,Sch.*   47 power *Er.*

26 So wird eine Perle unerkannt
in den Schmutz getreten.
Um abzuschätzen,
wann Zeit zum Kämpfen und wann Zeit zum Fliehen ist,
30 muß ein Mann wissen, wie weit seine Kräfte reichen:
so geht es zu auf der Welt.
Alles Gesagte betrifft auch mich persönlich:
es steht nicht so mit mir,
daß ich mich zu den großen
35 Autoren rechnen dürfte.
Ihr könnt mir glauben,
daß ich nicht für einen Dilettanten gelten möchte.
Der Makel der Unbildung
wäre für mich das größte Unglück!

40 Ich weiß recht gut,
daß keines Menschen Mund
gegen törichte Worte gefeit ist,
und ich behaupte nicht,
daß der meine frei von Fehlern sei.
45 Nach seiner Selbsteinschätzung mißt
und rühmt man den Verstand eines Mannes.
Wenn ich mich im Ton vergreife,
möge man mir das nachsehen.

49 man hœret daz dicke sagen,   V: 131rb
50 daz etswenne gevalle
    ein swachiu kristalle
    nahen ze einem smareise.
    ouch bevahet niht der weise
    gar des riches krone,
55 wan im ligent schone
    ander sin ungenoze bi.
    beidiu kupfer unde bli
    wirt mit silber versmit;
    ouch wonet dem roten golde mit
60 dicke bleicher messinc.
    disiu misselichiu dinc
    behaben dicke genozschaft,
    da in gebristet werdes kraft.
    als muoz man mir entliben
65 daz ich süle beliben,
    da man liehte steine gesetzet hat.
    doch an des safers stat
    so erliuhtet mich ein rubin,
    der siner tugende liehten schin
70 an mine tunkele wendet
    und mir ein lieht sendet.
    daz ist daz mich sere vröut.   P: 2^v

---

49 Wan V.   ofte V.   52 Nahe P,Sch.   mareyse P.   53 enphahet
V.   wise V.   55 Daz ist war im V.   Yme ligen auch vil P,Sch.   56 An-
dere P.   vngenoßen P,Sch.   60 Oft V.   61 misleichiv VP,Sch.   62 oft
V.   65 müge P,Sch.   67 schaffers V,Gü., saphyres P,Sch.

49 Es ist nicht ausgeschlossen,
50 daß manchmal ein geringer Kristall
neben einen Smaragd
zu liegen kommt.
Der Waise schmückt auch
die Kaiserkrone nicht allein;
55 neben ihm sitzen und helfen mit
noch andere schöne Steine.
Kupfer und Blei
werden mit Silber verarbeitet;
und neben glänzendem Gold
60 sieht man oft matten Messing.
Geringere Metalle
bedürfen des Zusammenwirkens,
weil sie für sich nicht leuchtend genug sind.
Ebenso möge man mir vergönnen,
65 daß ich dort Platz nehmen darf,
wo schon helle Steine strahlen.
Meiner Glasperle
schenkt ein Rubin Glanz,
indem er mit seiner Leuchtkraft
70 meine Dunkelheit
in Licht verwandelt.
Das erfüllt mich mit Freude.

73 ob mich dar under ieman stöut
    niwan durh sinen argen muot,
75 so ist da bi ein sin vruot:
    wirt er zweir zungen gewar,
    den sinen schilt biute er dar,
    und hat in schiere wider geslagen,
    daz er muoz über tragen
80 die gift und daz warc,
    daz er in slangen liste barc
    hinden in dem zagel.
    so belibet im der nagel
    vil nahen dem sluche;
85 da muoz er in dem druche,
    als ez sinem namen zam,
    slewen halz unde lam.
    da wirt sin nit sin selbes scham.

    Der sin der diu wort zieret
90 und die rede florieret,
    der ist mir leider tiure.
    nu seht an tobendem viure,
    daz brinnet und *en*schinet nieht:
    sam ist ein glas dicke lieht,
95 daz ander tugent niht enhat,
    so ime der glanz zergat.

---

73 mir *P,Sch.*   steurt *V,* stawret *P.*   74 Nieman *V.*   75 sin] symte
P.   76 Wůrt *P,* Vüert *Wa. Gü.*   gwer *Wa.*   77 Der *P.*   slint wintet
der *Wa. Gü.*   biutet *Sch.*   78 geclagen *P.*   81 listen *V.*   82 Ninden
P.   an *Sch.*   84 nahe *P,Sch.*   87 Swelhen hals *V.*   88 nit] niht *V.*   89
nůw sin *P.*   92 seht] nēment ware *P.*   taubem *P, Sch. Er.,* tobem *Si.*   93
Daz da *P.*   scheinet *VP,Sch.*   94 Also *P.*   oft *V.*   95 sust kein ander
tugend hat *P.*   96 die glentze entgaet *P.*

73 Wenn mir einer aus purer Bosheit
   das Recht dazu abspricht,
75 dann weiß man, was davon zu halten ist:
   Wer einer Doppelzüngigkeit gewahr wird,
   muß ihr offen entgegentreten
   und den Verleumder bloßstellen,
   damit er an dem Gift und Eiter,
80 die er nach Schlangenart
   in sich trug,
   selbst ersticke.
   Dann bleibt der Nagel
   in seinem Schlauch stecken,
85 und er muß in der eigenen Falle,
   wie er es verdient,
   lahm und kraftlos werden.
   Seine Mißgunst wird seine Schande.

   Ich verstehe mich nicht darauf,
90 schöne Worte zu machen
   und die Rede blumig auszuschmücken.
   Wie loderndes Feuer
   brennt und nicht leuchtet,
   so ist Glas durchsichtig
95 und weiter nichts,
   wenn der Glanz schwindet.

 97 ouch ist ein guot adamas
    und ditze brehende glas
    vil starke ungeliche
100 an tugende und an liche: V: 131ʳᶜ
    wan daz glas git liehten schin,
    so hat die nature sin
    in ime der adamas verholn.
    ich geliche ouch dem touben koln   P: 3ʳ
105 verborgen tugende ganze:
    dise semblanze
    der guote adamas git.
    dirre zweier wehsel strit
    zeiget zweier hande leben,
110 als ez diu nature hat gegeben:
    des tumben und des vruoten,
    des valschen und des guoten.
    diu zwei ziehent niht enein:
    einez ist des andern nein.
115 wer möht daz so bescheiden,
    daz er disen beiden
    also gedienen möhte,
    daz ez in beiden töhte,
    der wære ein vil sælic man.
120 der rede muoz ich abe stan
    nach beider lop begarwe.

---

99 hart *P,Sch.*   100 tugenden *P.*   lícht *V.*   102 die] div *V,Sch.*   103 der]
gar *V.*   104 glichen *P.*   den *P,Sch.*   106 Den seinen glantz *V.*   108
wehsel] zwischeler *P.*   109 Zeuget *P,Sch.*   hande] slachte *P,Sch.*   110 ge-
ben *P.*   114 Eins ia das ander *P,Sch.*   115 Swer *Gü.*   also *P.*

97 Ein strahlender Diamant
    und das durchsichtige Glas
    sind sehr ungleich
100 nach Farbe und Strahlkraft:
    während das Glas mit seiner Oberfläche wirkt,
    hat der Diamant seine wahre Natur
    im Innern verborgen.
    Seine unsichtbare Kraft
105 ist der stumpfer Kohle zu vergleichen:
    die ihnen innewohnende
    strahlt der Diamant aus.
    Dieser Zwiespalt
    vertritt zweierlei Daseinsweisen,
110 wie die Natur sie vorgegeben hat:
    die des Unwissenden und die des Wissenden,
    die des Bösen und die des Guten.
    Die zwei passen nicht zusammen:
    eine schließt die andere aus.
115 Wer es fertig brächte,
    diesen beiden
    dienstbar zu sein,
    zu beiderseitigem Gefallen,
    müßte ein Alleskönner sein.
120 Ich brächte es nicht über mich,
    beide gleichermaßen zu loben.

122 zwo ungeliche varwe,
    ogger unde lasure,
    die gebent von nature
125 beide ungelichen glanz:
    einer ist stæte unde ganz,
    der ander valsch unde swach.
    dirre zweier obedach
    zeiget zweier hande gruoz:
130 der ein ist valsch, der ander suoz;
    dar zuo zweier hande lon,
    die ziehent nach der werlde kron.
    der sol man einez vliehen
    und zuo dem andern sich ziehen.
135 daz nu daz werde bereit,   *P: 3ᵛ*
    daz was min site von kintheit
    und muoz mich bringen in daz grap.
    der site ie werdez lop gap
    und ist der tugende leitstap.

140 Ich bitte an disem buoche,
    swer ez lesen geruoche,
    ob wandel einhalp si,
    und ob anderthalp da bi
    iht von künste schin,
145 daz diu arebeit min
    iht gar werde verlorn
    und ane schulde verkorn
    umb einen ungevüegen spruch.

---

124 geben *P,Sch.*   129 Zeuget *P,Sch. Si. Er.*   grüße *P,Sch.*   130 *sůße*
P,Sch.   132 Diu *Er.*   134 sich] sal man *P, om. Sch.*   135 nu] im *V,*
Er.   136 von] vnd mein *V.*   139 geleydt stab *P.*   142 etwa *V.*   147 ane]
von *Sch.*   148 ein *V.*

122 Zwei verschiedene Farben
     wie Ocker und Lasur
     geben von Natur aus
125 ungleichen Glanz:
     echten und beständigen,
     täuschenden und flüchtigen.
     Dieser beiden Äußeres
     birgt zweierlei Versprechen:
130 ein ins Verderben führendes und ein Glück verheißendes;
     und zweierlei Belohnungen
     im Ringen um die Krone des Lebens.
     Der einen gilt es mit aller Kraft zu widerstehen,
     während die andere mit heißem Herzen zu erstreben ist.
135 Daß mir dies gelingen möge,
     darum habe ich mich von frühester Jugend an bemüht,
     und daran werde ich festhalten bis zu meinem Tode.
     Ein solches Verhalten ist oft gelobt worden
     und ist eine brauchbare Maxime für das Leben.

140 Von den Lesern dieses Buches
     erhoffe ich mir ein gerechtes Urteil darüber:
     zum einen: was daran mangelhaft ist,
     zum andern: ob mit ihm
     der Nachweis von Kunst erbracht ist,
145 damit meine Mühe
     nicht vergeblich sein
     und ohne meine Schuld verworfen wird
     auf Grund von unfreundlicher Kritik.

149 an einem purper ein bruch
150 sol in niht gar verswachen.
     man siht dicke wachen   *V: 131va*
     unwitze, und kunst slafen.
     swer sich möhte gewafen
     wider süezer worte mangel,
155 den hete untriuwen angel
     vil selten gemeilet;
     der sich hat geteilet
     leider in der guoten schar,
     und nimet alle wege war,
160 wie er mit valsch hefte dar.

     Uns ist dicke geseit
     von maneger hande vrümekeit,
     die Artus der künec begienc.
     wa ez sich erste anevienc,
165 daz ist ein teil unkunt.
     daz wil aber ich ze dirre stunt   *P: 4^r*
     ein teil machen kunder,
     und wil iu doch dar under
     siner tugende anegenge sagen:
170 wie ez in sinen kint tagen
     im aller erst ergienge,
     und wa sich ane vienge
     siner tugende lobelicher strit,
     den im noch diu werlt git.

---

151 Wan *V.*   oft *V.*   154 süziv *V.*   159 alwegen *P.*   161 oft *V.*   166
Ich wil es aber *P,Sch.*   167 Eins *P.*   170 kintlichen *P.*   171 czum aller
ersten *P.*   174 die welt noch *P.*

149 Ein Riß in einem Purpurgewand
150 macht es nicht gänzlich unbrauchbar.
Allzu oft ist Unwissenheit rege,
während die Wissenschaft schläft.
Wer über einen Überfluß
an schönen Worten verfügte,
155 den hätte der Stachel der Mißgunst
niemals attackiert.
Die hat es unglücklicherweise
immer auf die Aufrichtigen abgesehen
und sucht ihnen überall
Lügen anzudichten.

Wir haben schon viel gehört
von den tapferen Taten,
die König Artus vollbracht hat.
Von dem was vorausging
165 weiß man wenig.
Die Lücke in unserer Kenntnis
will ich ausfüllen,
und euch berichten
wie er wurde was er ist:
170 was sich in seiner Kindheit
zugetragen hat,
und wie es ihm gelang,
das Lob zu erringen,
das ihm überall gezollt wird.

175   mit siner reinen tugende sage
       sich meret sin lop alle tage,
       die wil diu werlt vröuden phliget.
       er hat mit eren so gesiget,
       daz er nie vant sinen genoz:
180   des ist sin lop von schulden groz,
       wan in sin nie verdroz.

       Heil was siner jugende mite
       E und sit in tugende site
       Ie in solher wise:
185   Nach lobe und nach prise
       Ranc er zallen stunden.
       In *en*hete ouch niemen vunden
       Cranc an deheinen eren.
       Heil müeze sich im meren
190   Von schulden siner werdekeit!
       Ouch hete er sich so geleit
       Nach tugentlichem werdem lobe,
       Daz er mit lobe lac allen obe.
       Er hete sin leben wol gewant:
195   Mit tugende zeichen man in vant
       Tegelichen striten.
       Von diu bi sinen ziten   *P: 4ᵛ*
       Reines lobes er vil erwarp.
       Leider ob der lip erstarp,
200   Im lebet doch sin reiner nam.

---

175 Nach *P,Sch*.   176 altage *P*.   177 diu *om. V,Sch*.   179 ie *P*.   181 Wan
dez *V*.   183 Ere vnd sitt *P,Sch*.   184 sôlchˢ stæt weise *V*.   187 het
VP,Sch.   188 keynen sinen *P*.   189 mv̊st im *V,Gü*.   190 sein *V*.   191
hatt *P*, hate *Sch*.   192 werde lob *V*.   195 tugenden gezeichent *P*.   196
czu strijten *P*.   197 Gegen den die czu *P*.   bi] ze *Sch*.   200 Es lebte doch
nach yme *P*.   lebte *Sch*.

175 Dank den Erzählungen von seinen Taten
    nimmt sein legendärer Ruf immer noch zu,
    solange es seine Welt der Freude geben wird.
    Er hat soviel Ehre auf sich vereinigt,
    daß ihm darin keiner gleichkam:
180 Sein Ruhm ist mit Recht groß,
    und das Streben danach wurde ihm nie zuviel.

    Fortuna war ihm von Jugend auf gewogen
    auf dem Pfade der Bewährung.
    Er erreichte sie immer
185 auf solche Weise,
    daß man ihn dafür lobte.
    Ohne Siegespreis
    sah man ihn niemals.
    Ebenso wie sein Ansehen
190 möge auch sein Glück dauern.
    Wo immer eine Auszeichnung zu vergeben war,
    gebührte sie ihm
    vor allen anderen.
    Er hatte sein Leben so eingerichtet,
195 daß er sich Tag für Tag
    zu vervollkommenen bemüht war.
    Zu seinen Lebzeiten
    gehörte ihm die Siegespalme.
    Nachdem er gestorben ist,
200 wird noch sein Name ewig leben.

201 Nach der werlde lobesam
    Hat er noch lebendigen pris.   *V: 131ᵛᵇ*
    An den geist allen wis
    Tuot er uns lebendigen schin
205 Mit dem erworben lobe sin.
    In möhte wol diu werlt klagen
    Cumberlichen in disen tagen,
    Het si nu lip unde guot
    Gewendet an so reinen muot.
210 Ez zimet doch den besten wol:
    Tuon wol swaz man sol.
    Iemer sunder wider wanc
    Haben die bœsen undanc.
    Triuwen haben die vrumen vrum:
215 Eren pris und tugende ruom
    Tuot in schin an dem drum.

    Nu wil iu der tihtære
    von künec Artus ein mære
    sagen ze bezzerunge,
220 daz er in tiutsche zunge
    von franzoyse hat gerihtet,
    als er ez getihtet
    ze Kærlinge geschriben las.
    wan er so geleret was,
225 daz er die sprache kunde.

---

201 lobes âne *Si.*   202 lemtigen *V.*   203 Ân *Ba. Si.(?).*   204 lemtigen
V.   205 erworbenen *P,Sch.*   206 die werlt wol *P.*   208 sie yme *P,Sch. Si.,*
sich nv *V,Ba. Gü.*   211 was *P, swa Ba. Gü.*   212 Ie mȳnre *P.*   213
Habent *Ba.*   214 die frumen han *V.*   216 Tuots *Ba. Gü.,* Tuon *Si.*   217
Iv wil der *V.*   220 Die *P.*   deutsch⁵ *V.*   221 francwis *V.*   223 Kar-
lingen *Sch.*

201 Allen Gutgesinnten
steht er noch als Vorbild vor Augen.
In unseren Gedanken
lebt er als leuchtendes Beispiel dafür
205 was ein Mensch erreichen kann.
Die Welt von heute hätte Grund
zur Trauer um ihn,
wenn sie Leben und Gut
in gleicher Gesinnung zu nutzen verstünde.
210 Es ist Pflicht der Besten,
das ihnen mögliche Gute zu vollbringen.
Die Böswilligen werden
ihrer Strafe nicht entgehen.
Wer guten Willens ist, wird belohnt,
215 und Ruhm und Ehre
werden ihm am Ende zuteil werden.

Die Geschichte von König Artus
hat der Verfasser
zur Besserung aller erzählt.
220 Er hat sie aus dem Französischen
ins Deutsche übersetzt,
so wie er sie, in Verse gebracht,
in Frankreich gelesen hat.
Denn er war so gebildet,
225 daß er die Sprache verstand.

226 der vleiz sich alle stunde,
    ob er des iht ervünde,
    daz er iu ze künde   *P: 5ʳ*
    und ze kurzwile bræhte;
230 da bi man sin gedæhte;
    und da mit er wibes gruoz
    verdiente, den der haben muoz
    der ze der werlde vröude gert.
    wan ane si ist ungewert
235 der der werlde leben wil.
    liebes unde vröuden zil
    hat sælekeit an si gewant.
    wol im wart, den bekant
    mit triuwen ir genade hat.
240 wan an dem mit vollen stat
    vröuden wunsch und hoher muot.
    ditz unerwordenlichez guot
    wil er mit stæte horden,
    und vil gar unerworden
245 sine tage dar an sin:
    ez ist von dem Türlin
    Heinrich, des zunge nie
    wibes ganzen lop verlie.
    der vant ditze mære,
250 wannen geboren wære
    künec Artus der guote,
    der ie in ritters muote
    bi sinen ziten hat gelebet.   *V: 131ᵛᶜ*

---

227 iht des *V,Gü.*   232 der] er *P,Sch.*   233 vróden *V.*   begert *P.*   236
Libs *P.*   238 in *V,P,Si.*   243 staten *P*, stæten *Sch.*   244 vil] wil
P,Sch.   246 dem] ein *V.*   249 dise *P.*   250 Von wannen *P.*   253 siner
zijt *P,Sch.*

226 Es war sein Bestreben,
     etwas zu schreiben,
     das bei euch Interesse fände
     und zur Unterhaltung diente;
230 das ihn selbst vor dem Vergessenwerden bewahrte;
     und womit er sich den Dank der Frauen
     verdiente, den jeder braucht
     der vom Leben Freude erwartet.
     Ohne sie ist ein glückliches Leben
235 auf Erden nicht zu denken.
     Freude und Zufriedenheit
     hat das Glück in ihre Hand gelegt.
     Glücklich ist zu preisen
     wer ihre Gunst erfährt.
240 Denn der darf mit Recht
     immer froh und stolz sein.
     Diesen unvergänglichen Besitz
     will ein Mann treu bewahren,
     und sein Lebtag unerschütterlich
245 daran festhalten:
     er heißt Heinrich von dem Türlin
     und hat mit Wort und Vers
     nie aufgehört, die Frauen zu preisen.
     Er hat diesen Versroman gedichtet:
250 von dem berühmten König Artus,
     woher er stammt
     und wie er als Muster aller Ritter
     sein Leben hingebracht hat.

254 wie er nach eren ie strebet,
255 daz müget ir wol hœren nuo.
er greif so zitlichen zuo
und volherte ez an daz ende. P:5^v
gar sunder missewende
begann er sin lop heien.
260 er wart in dem meien
geboren, als daz buoch seit.
daz was ein gewonheit,
daz wir da bi erkanden,
daz er ane der werlde schanden
265 ie minre wurde gemeilet,
als im diu zit erteilet,
dar inne er geboren was.
wan danne bluomen unde gras
blüewent unde springent,
270 dar zuo diu herze ringent,
den her an vröuden gebrast:
swie si twanc kumbers last,
den git er vröuden bilde.
daz bezeichent die milde
275 der Artus phlac sine zit,
wan uns der meie vröude git
mer danne alle mane,
und tuot uns ouch ane
des herten winters twancsal.

---

254 den eren *P,Sch.*   ie om.*P,Sch.*   255 moegent *P,Sch.*   256 zeitleich *V.*   257 volherttet es auch biß an *P,* volharte an *Sch.*   volherte ez] wert *V.*   258 One alle *P,Sch.*   259 Begund *P,Sch.*   262 wyßsagung *P,* gewarheit *Jellinek/Si. Lei.*   264 one *P,Sch.*   der om.*V.*   265 In mȳnre *P,* Imm^s *V.*   266 im] nu *Sch.*   diu] daz *V.*   267 geborne *V.*   268 danne] czů der zijt *P.*   269 Bluewent *P,Sch.*   entspringent *P,Sch.*   270 hertzen *P.*   271 Dem *V.*   bißher *P.*   272 Vnd sie *P,Sch.*   277 Vil mere *P.*   alle ander *P.*   278 ďǒch *V.*   279 winters herten *V.*

254 Wie er seinen Ruhm erwarb,
255 das sollt ihr nun hören.
Er begann damit in frühester Jugend
und hielt bis zu seinem Tode daran fest.
Auf untadelige Weise
hat er seinen Ruf gehegt.
260 Er wurde im Mai geboren,
sagt die Quelle.
Das geschah deswegen,
damit man daran erkenne,
daß er vom Schmutz der Welt
265 desto weniger befleckt würde,
weil seine Geburt
in die schönste Jahreszeit fiel.
Wenn das Gras und die Blumen
blühen und knospen,
270 und wenn die Herzen neuen Mut fassen,
die vorher freudlos
und mit Kummer beladen waren,
dann gibt ihnen der Mai ein Beispiel.
Er steht auch für die Freigiebigkeit,
275 die Artus zeitlebens geübt hat.
Denn der Mai schenkt uns mehr Freude
als alle anderen Monate,
und befreit uns
von den Beschwerden des harten Winters.

280   swaz er der heide vindet val,
      die niuwet er unde richet.
      von diu sich gelichet
      dem meien Artuses leben,
      wan er kunde also geben,
285   daz sin wart vil manger vro.
      daz hete im vrouwe Cloto   *P: 6ʳ*
      so erteilet allen wis,
      daz er werltlichen pris
      vor aller der werlde trüege.
290   ouch was vil gevüege
      vrouwe Lachesis dar an,
      daz si den vadem lanc span.
      ich klage aber, daz Atropos
      disen vadem niht verkos,
295   und in so schiere abe brach.
      dar an der werlde geschach
      ein unvertregelicher schade.
      nu sitzet eine uf *dem* rade
      ane erben vrouwe Fortune.
300   ouch klaget ez diu Lune,
      diu in der sælekeit beriet
      und in von dem meile schiet.

---

281 Das hernůwet *P*, Daz niuwet *Sch.*   282 Da von *P,Sch.*   285 wirt
V.   vil *om. V.*   287 wise *V.*   288 preise *V.*   289 der *om. Sch.*   292
lange *Sch.*   296 Da *V.*   298 setzet *V.*   dem] ein *VP.*   299 fortunąe
V.   302 dem] der *P.*

280 Die welken Wiesen
versieht er wieder mit reichem Schmuck.
Deswegen wird das Leben von König Artus
mit dem Mai verglichen,
denn er verstand auch zu schenken
285 und die Menschen froh zu machen.
Die Parze Klotho
hatte ihm die Gabe verliehen,
alles Lob der Welt
auf sich zu vereinigen.
290 Die Parze Lachesis
war geschickt genug,
seinen Lebensfaden zu spinnen.
Doch Atropos, die Unabwendbare, klage ich an,
daß sie, statt den Faden zu schonen,
295 ihn so früh abgeschnitten hat.
Das war ein unermeßliches Unglück
für die ganze Welt.
Nun sitzt die Göttin Fortuna
allein auf dem Rade, erbelos.
300 Auch Luna klagt,
die für seine Herrlichkeit sorgte
und alle Befleckung von ihm fernhielt.

303   man hœrt von philosophen sagen:
       swaz kinde in den selben tagen   V: 132ra
305   ze der werlde werde geborn,
       daz si iemer sunder zorn,
       senfte und reines muotes,
       guot, vro, rich des guotes,
       getriuwe, milte und mitesam.
310   so denne der sunnen stram
       in den zwillingen get,
       und ir zit dar inne stet,
       Artus heil von schulden het.

---

303 Wan *V.*   phylosophyen *V*, philosophein *V.*   304 kindes *V.*   305
werden *P.*   306 sunder] one *P,Sch.*   310 Wan dān *V.*   czurzijt der
P.   311 Indi^v zweinlid *V.*

303 Es gibt Philosophen, die behaupten,
Kinder, die in der selben Jahreszeit
305 geboren werden,
seien sanftmütig
und reinen Herzens,
gut, frohgemut und reich,
treu, freigebig und freundlich.
310 Wenn der Lauf der Sonne
in das Sternbild der Zwillinge eintritt
und darin verharrt,
das ist die Stunde des Artusheils.

4
Der Epilog
(v. 29910–30000)

Wer nach Aussagen zur Konzeption der *Crone* und zur Kunstanschauung ihres Autors fragt, muß Prolog und Epilog zusammennehmen.

Das Werk Heinrichs v. d. Türlin schließt in Scholls Ausgabe mit v. 30000. Die in der Handschrift P noch folgenden 41 Verse sind klärlich Schreiberzusatz, eine nicht besonders geschmackvolle Gönner-Adresse an den, *der dises buoches herre ist* (v. 30001), von dem, der *daz buoch geschriben hat* (v. 30016), abgeschrieben!

Prolog und Epilog sind verzahnt. Die Fabel vom Hahn und der Perle (v. 29946–29965) greift mit dem *vil gar edelen stein,/ der uz dem miste schein* (v. 29949f.) den Hinweis auf die *gimme* auf, die *in den mist / getreten* wird *ane gewizzen* (v. 26–27). Und auf die nun offen als Metapher für das Versepos (und als geeigneter Buchtitel) verwendete *krone* (v. 29966–29988) war bei der Beschreibung von *des riches krone* (v. 53–56) schon vorausgedeutet worden.

29910 Die aventiure ich hie la.   *493ʳ*
       ob ich halt hete ze sagen,
       daz wolte ich dar umbe verdagen,
       daz alle aventiure
       von Gaweines tiure
   15 sagent. swie vil sin si,
       waz töhte denne swachez bli
       so wol gesmiter krone,
       die edel gestein vil schone
       in golde gezieret hat,
   20 als ez kunst und witze rat
       an dem adel bekennen kan?
       wirt vermisset etwa dar an   *493ᵛ*
       ein bluome oder ein bilde,
       daz ez tumben liuten wilde
   25 ist ze betrahten und ze sehen
       (daz vil lihte mac geschehen,
       ob ez ze tief ergraben was),
       und wil vür swachez glas
       ir edel gesteine kiesen:
   30 waz mac si dar an verliesen,
       oder der meister der si hat gesmit?
       da *ne*wirt niht wan jener mit
       betrogen, den si kostet.
       daz golt niht enrostet,
   35 wie lange ez verborgen lit:
       wenne im denne kumet diu zit,
       daz ez dem meister zuo kumt,
       ze werde ez in beiden vrumt.

29912 vertagen *P.*   18 edeln *P.*   20 rat *Sch.*] hat *P.*   22 vermischet
P,Sch.   32 Do *Sch.*   wůrt *P,Sch*   36 jne *P.*   kōmet *P.*

29910 Hier findet mein Roman sein Ende.
       Selbst wenn es noch mehr zu sagen gäbe,
       würde ich mich darauf nicht einlassen.
       Es gibt so viele Geschichten
       von Gaweins Vortrefflichkeit.
   15 Aber so zahlreich sie sind,
       was taugte geringes Blei
       für die von mir geschmiedete Krone,
       auf der soviel Edelsteine
       in Gold gefaßt sind,
   20 woran hoher Kunstverstand
       ihre Kostbarkeit zu ermessen weiß?
       Ob man Redeblumen oder Figuren
       daran vermißt,
       oder ob sie Banausen
   25 ungewohnt und fremdartig erscheinen
       (was leicht sein kann,
       wenn sie tief eingegraben sind),
       oder ob gar einer
       Edelsteine für Glas hält –
   30 was verliert sie dadurch oder der Meister,
       der sie geschaffen hat?
       Allenfalls mag sich der betrogen fühlen,
       der für sie bezahlt hat.
       Gold rostet nicht,
   35 wie lange es auch unentdeckt bleibt.
       Wenn die rechte Zeit ist,
       daß es in die Hand eines Meisters kommt,
       dann ist das ein Gewinn für beide.

29939 wan si einander beide
   40 sint süeziu ougenweide
      und erkennent sich ze rehte wol.
      dar umbe ich iu sagen sol
      ein vil kleinez bispel,
      und wil dar an wesen snel,
   45 sit ich sin begunnen han:
      ez vant uf einer miste ein han,
      da er suohte sine spise
      nach siner gewonliche*n* wise,
      einen vil gar edelen stein.
   50 als er uz dem miste schein,
      er trat dar uf unde sprach: 494ʳ
      ›daz dirre vunt niht geschach
      etwie eime, dem du wærest vrum!
      wan ich ze hilfe niht enkum
   55 dir an iht noch du mir;
      dar umbe so müezen wir
      uns von einander scheiden.
      ez *en*vrumt niht uns beiden
      daz wir bi einander sin.
   60 mir *ne*mac din vil liehter schin
      minen hunger niht benemen:
      des muostu mir missezemen‹.
      hie mite er in under trat.
      sin möhte dem sin worden stat,
   65 den sin schin het gemachet sat.

29946 Ez *Sch.*] Ich *P.*   ein *Sch.*] einen *P.*   48 gewonlicher *P*, gewonen
Sch.   58 frümt *P,Sch*   60 mag *P,Sch.*   65 Dem *P.*

29939 Die Schönheit erfreut
40 das Gold wie den Schmied,
und sie erkennen sich als Gleiche.
Ich weiß dazu ˙
eine hübsche Fabel.
Sie ist nicht lang,
45 und ich habe schon auf sie angespielt.
Ein Hahn fand auf einem Misthaufen,
wo er, wie gewohnt,
nach Nahrung suchte,
eine besonders schöne Perle.
50 Während sie in dem Mist glänzte,
trat er auf sie und sagte:
›schade, daß dich nicht einer gefunden hat,
der dich hätte gebrauchen können!
Ich kann dir so wenig nützen
55 wie du mir;
es ist besser,
wir trennen uns.
Was sollen wir
miteinander anfangen?
60 Ich werde von deiner Schönheit
nicht satt,
und deswegen pfeife ich auf dich‹.
Damit stampfte er sie in den Kot.
Wer an Perlen Freude hat,
65 hätte sie gewiß gern gehabt.

29966 Hie mite hat ein ende
       diu krone, die mine hende
       nach dem besten gesmit hant,
       als si min sin vor ime vant
   70 uz einem exemplare.
       und wizzet daz wür ware:
       si enmugent niht wol uf getragen
       zwispel herze, valsche zagen,
       wan si ist in ze enge.
   75 si tragent aber wol die lenge
       die guoten und die reinen.
       mit so guoten steinen
       ist si über al beleit,
       daz si wol ir wirdekeit   *494ᵛ*
   80 ze rehte trüege unde zimt
       swer si vür sich ze schouwen nimt,
       wil er si ze rehte schouwen gar,
       so mac er wol werden da gewar
       vil manegez vremdez bilde,
   85 beidiu zam und wilde,
       des gelichen er vor nie gesach.
       ob er si vor niht machet swach
       von unkunst oder von nit,
       mit dirre krone gekrœnet sit
   90 ir vrouwen, die nach werde lebent,
       wan iuwer grüeze der werlde gebent
       vröude unde hohen muot!

29973 zwispeln hertzen *P.*   75 wol *om. Sch.*   84 maniges fremdes
P,Sch.   86 Dem gelichez *Sch.*

29966 Die Krone ist nun vollendet,
die ich mit eigener Hand
als Meister geschmiedet habe,
so wie ich es mir vorgenommen hatte,
70 als ich das französische Buch entdeckte.
Ihr könnt mir glauben,
daß sie keiner tragen kann,
dessen Herz zwiespältig und verschlagen ist,
denn ihm ist der Reif zu eng.
75 Bestimmt ist sie allein
für unverdorbene und gute Menschen.
Die Krone ist rundum
mit so erlesenen Steinen geschmückt,
daß sie dem höchsten Adel
80 angemessen ist.
Wer sie sich genauer anschaut,
wenn er einen Blick dafür hat,
wird viel Unbekanntes
darin entdecken:
85 Gezähmtes und Ungezähmtes,
wovon er noch niemals gehört hatte.
Falls sie nicht durch Banausen oder Neider
verunglimpft wird,
gebührt die Krone euch,
90 allen edlen Frauen,
denn ihr seid es, die der Welt
Lebensfreude und Lebensmut schenken!

29993   daz ist daz oberiste guot,
         daz der werlde mac geschehen.
    95   dirre arebeit wil ich iu jehen,
         wan ich ir durh iuch began,
         wie wenic ich noch dar an
         nach dienste han gewunnen.
         ir*n* sult mir *niht* enbunnen
30000   iuwerre gnade grüeze gunnen!

29993 Das ist das Höchste,
       was sie zu geben hat.
   95 Euch widme ich mein Lebenswerk,
       denn für euch habe ich es geschrieben,
       so wenig Dank
       ich dafür geerntet habe.
       Ihr wenigstens solltet
30000 ihn mir nicht versagen!

5
Kommentar zu Prolog und Epilog

Eine Sentenz zu Beginn des Prologs, das hatte sich eingebürgert. Aber eine ist nicht wie die andere, und es empfiehlt sich, genau hinzuhören. Zwischen Hartmanns *Iwein*:

> *Swer an rehte güete*
> *wendet sin gemüete,*
> *dem volget sælde und ere.*

und Wolframs *Parzival*:

> *Ist zwivel herzen nachgebur,*
> *daz muoz der sele werden sur.*

lag nicht viel mehr als ein Jahrzehnt. Jedoch der *zwivel* wohnte nicht nur im Herzen des Helden, für Wolfram war es auch mit der von Hartmann versprochenen *gewissen lere* (Iw 4) des Königs Artus vorbei. Und noch einmal zehn Jahre weiter eröffnet er seinen tragischen *Willehalm*-Roman mit einem Gebet:

> *Ane valsch du reiner,*
> *du dri und doch einer.*

Für seinen Rivalen Gottfried war inzwischen im *Tristan* nicht bloß die Existenz der Helden problematisch, sondern auch die des Dichters verteidigungsbedürftig geworden:

> *Gedæhte man ir ze guote niht,*
> *von den der werlde guot geschiht,*
> *so wærez allez alse niht,*
> *swaz guotes in der werlde geschiht.*

Den atemberaubenden Vorstößen der beiden Großen in poetisches Neuland vermochten unter den Literaturbeflissenen weder die Hörenden und Lesenden noch die Schaffenden zu folgen. Man hielt sich besser an Hartmann von Aue und an seine (und Chrétiens) Artuswelt. In den *Wigalois*-Versen:

> Wig 20 *Swer nach eren sinne,*
> *triuwe und ere minne,*
> *der volge guoter lere.*

hallt das *Iwein*-Motto bei Wirnt von Gravenberg wider, nebst der an die *guote rede* (Wig 82) geknüpften Erwartung:

Wig 87   *wand er vernimt vil lihte da*
          des er sich gebezzert sa.

Aber das Selbstbewußtsein des Nachfolgers ist angeknackst. An Stelle von *ich bin Wolfram von Eschenbach* (Pz 114,12; Wh 4,19) oder Gottfrieds Fehde-handschuh, gegen die Kritiker geschleudert, *die des nu pflegent, / daz si daz guote zübele wegent* (Tr 29f.) und nicht, wie sie sollten, *mich und iegelichen man / nach sinem werde erkennen* (Tr 19f.), steht ein Eingeständnis des Un-vermögens:

Wig 36   *leider, nu geswichent mir*
          beidiu zunge und ouch der sin,
          daz ich der rede niht meister bin,
          die ich ze sprechen willen han.

Wirnt wollte sich, wie sein Meister mit dem Armen Heinrich, *gelieben den liu-ten* (AH 15), und er redet selbst gleich mit Hartmanns Mund, *möhte swære stunde / den liuten senfte machen* (Wig 127f.) = *da mite er swære stunde/ möhte senfter machen* (AH 10f.).
Wie der *Wigalois*-Prolog, ist auch der zur *Crone* mit Hartmann-Zitaten reich bestückt. Heinrich v. d. Türlin leugnet nicht, daß *der reine Hartman / min herze besitzet* (v. 2406f.), und beklagt seinen Tod:

Cr 2412   *Owe, tœtlicher slac,*
           wie du an im hast gesiget,
           daz er in touber molten liget,
           der ie schein in vröuden schar!

Aber das bedeutet weder daß er sein poetisches Handwerk ganz in Hartmanns Sinne betrieb, noch daß er die Artuswelt, von der sein Versroman erzählt, mit Hartmanns Augen sähe. Wo steht Heinrich v. d. Türlin wirklich?

v. 1 – 16
          Sein von Cicero hergeleiteter Prolog-Eingang:

               Ein wise man gesprochen hat,
               daz diu rede missestat,
               diu ane witze geschiht.
               ouch envrumet der sin lützel iht
          5   *den ein man in ime treit.*
               swer gedenket und niht reit ...

greift eher Gottfrieds Verteidigung des Autors auf, die, wie bei die-sem, zur Selbstverteidigung wird. Heinrich ist ein gebildeter Mann, und auch darin Gottfried verwandt. Er rümpft die Nase über diejeni-gen, denen *an der rede vælt der sin* (v. 15), zu denen auch die gehören,

die ihr Schwert unbesonnen ziehen, ihr Pulver zu früh verschießen;
oder diejenigen, die einen Ziegel so lange waschen, bis sie nur noch
Lehm in der Hand haben; und jene, die keinen Blick für echten Wert
haben und eine Perle in den Schmutz treten.

v. 25–27 ~ 29946–29965

Der *gimmen*-Vergleich verrät, worauf Heinrich letztlich hinaus will.
Das *bispel* wird erst im Epilog ausgeführt: Ein Hahn sucht Nahrung
uf einer miste (v. 29946) und findet *einen vil gar edelen stein, / als er
uz dem miste schein*, und *trat dar uf* (v. 29949–29951), weil er ihm zu
nichts nütze ist. Jedoch *sin möhte dem sin worden stat, / den sin schin
het gemachet sat* (v. 29964f.). Die Perle ist die Dichtung oder ein Teil
von ihr, ein Teil der *krone* (v. 29989), die Heinrich begonnen hat und
vollenden wird. Er befürchtet, daß sie in den Schmutz getreten wer-
den könnte (*ane gewizzen* v. 27), und er ist sich nach 30000 Versen im-
mer noch nicht sicher davor.
ane gewizzen meint zunächst nichts anderes, als daß die Perle nicht in
ihrem Wert erkannt worden ist. Ein Kunstwerk nicht zu schätzen je-
doch, verriete nicht bloß einen Mangel an Einsicht. Eine *krone*, Hein-
richs *Crone, von unkunst oder von nit* (v. 29988), ,aus Unverstand
oder aus Mißgunst' herabzusetzen, wäre geradezu unmoralisch, ,ge-
wissenlos'. Das sagt er natürlich vorerst nicht, aber er läßt keinen
Zweifel, daß *disiu rede mich an get* (v. 32).

v. 32–39

Die vorsorgliche Selbstkritik (v. 32–35) steht so nur in P. In V wird die
Alternative *vehten* oder *vliehen* (v. 29) dahingehend abgewandelt, daß
der Feigling schon davonläuft, wenn er ein Schwert sieht. Darum ging
es aber nicht, sondern um die besonnene Einschätzung der eigenen
Kräfte. Auch der unreine Reim *gevliehen : triegen* weist auf einen än-
dernden Schreiber. Nur, warum hat der geändert? Gefiel ihm die Be-
scheidenheit des Dichters nicht angesichts der 30000 Verse, die er ab-
schreiben sollte?
Heinrich übt sich vorerst in Bescheidenheit, behauptet nicht, *daz ich
der gar volkomen/ einer wol geheizen müge* (v. 34f.) Es klingt wie
Wirnts *daz ich der rede niht meister bin* (Wig 38). HAUG spricht von
„topischer Selbstkritik"[11] und sieht sie durch das Folgende widerru-

---

[11] Walter HAUG, Literaturtheorie im deutschen Mittelalter, von den Anfängen bis zum Ende
des 13. Jahrhunderts. Eine Einführung, Darmstadt 1985; hier S. 269.

fen und im Epilog geradezu in das Gegenteil verkehrt. Dafür spricht
einiges. Ein Dilettant sei er jedenfalls nicht, fährt Heinrich fort, und
wenn er Fehler mache, so seien – und waren – auch andere nicht frei
davon.

v. 49–88

In der Kaiserkrone – da fällt das Stichwort *krone* (v. 54) zum ersten
Male – hätten neben dem hochkarätigen Waisen auch andere, ihm
zwar nicht gleichzuachtende, doch ebenfalls schöne Steine Platz ge-
funden; und mit Silber und Gold werden auch geringe Metalle ver-
schmolzen oder vereinigt.
Solche *genozschaft* (v. 62) sucht auch der Autor, in der Hoffnung, daß
ein strahlender *rubin / siner tugende liehten schin / an mine tunkele
wendet / und mir ein lieht sendet* (v. 68–71). Wem er das zugetraut und
sogar zu danken hat, sagt er nicht. Dafür schlägt er vorsorglich auf
präsumptive Neider und Verleumder ein, die an ihrem Schlangengift
ersticken und sich in der selbst gestellten Falle fangen mögen, zu ei-
gener Schande.

v. 89–91

Er merkt noch rechtzeitig, daß er sich zu weit vorgewagt hat, und
gibt nun doch seinen Mentor namentlich preis, mit Gottfrieds rüh-
menden Worten über Hartmanns unvergleichliche Kunst. *wie der
diu mære / beid uzen unde innen / mit worten und mit sinnen /
durchverwet und durchzieret! / wie er mit rede figieret / der aventiu-
re meine! / wie luter und wie reine / siniu cristallinen wortelin / bei-
diu sint und iemer müezen sin* (Tr 4622–4630) /, damit könne er sei-
ne Dichtweise nicht vergleichen: *der sin der diu wort zieret / und die
rede florieret, / der ist mir leider tiure* (v. 89–91) Was ihm seiner An-
sicht nach, mit Hartmann verglichen, abgeht, ist die Fähigkeit (*sin*)
des *durchverwens* und *durchzierens* und *figierens*, und sind die *cri-
stallinen wortelin*. Nur von der Formkunst ist, wie bei Gottfried
auch, die Rede, nicht von *der aventure meine*, dem Inhalt des Ro-
mans.

v. 92–139

Die nachfolgenden Vergleiche jedoch zielen alle auf den Vorrang des
Innen vor dem Außen, des Wesens vor der Erscheinung, des Was vor
dem Wie. Glas ist durchsichtig und weiter nichts, ein Diamant dage-
gen leuchtet von innen heraus. Das wird etwas gewaltsam auf zwei

von der Natur vorgegebene Seinsweisen, *zweier hande leben* (v. 109),
die des Unwissenden und des Wissenden, und – noch gewaltsamer –
die des Bösen und des Guten gedeutet. Sie vertragen sich nicht: *einez
ist des andern nein* (v. 114). Der Mensch, der Künstler muß sich ent-
scheiden zwischen bloß vorgetäuschtem Glanz, hinter dem nichts ist,
und einem von innerem Feuer genährten (*einer ist stæte unde ganz, /
der ander valsch unde swach* v. 126 f.); zwischen *zweier hande lon* (v.
131), diametral entgegengesetzten Verheißungen (*der ein ist valsch,
der ander suoz* v. 130), einer verderblichen und einer beglückenden.
Die Wahl ist zwischen Irrtum und Täuschung (*die sol man vliehen* v.
133) auf der einen, und Wahrheit und Liebe zur Wahrheit (*zuo dem
sich ziehen* v. 134) auf der andern Seite. Und es geht um *der werlde
kron* (v. 132) – wieder eine *krone*, nach der Heinrich *von kintheit* an
gestrebt zu haben und bis *in daz grap* (v. 136 f.) streben zu wollen be-
hauptet. Was sollen wir anderes darunter verstehen, welch anderes
Ziel sollte er haben als sein Werk?

v. 140–160

Unmittelbar danach empfiehlt er sein *buoch* (v. 140) zur Lektüre und
bittet um ein gerechtes Urteil. Fehler (*wandel* v. 142) werden zu-
gestanden. Um so energischer wird der Anspruch auf Kunst erhoben
(*iht von künste schin* v. 144), die eigene Leistung betont (*diu arebeite
min* v. 145), und vor böswilliger Kritik (*ungevüegem spruch* v. 148)
gewarnt. Da hält er es mit Gottfried: *nit* […] *leschet kunst unde sin*
(Tr 35 f.)

v. 161–174

Sein Roman soll von Artus handeln und unmittelbar an bereits Er-
zähltes anschließen, d. h. vor allem an Hartmanns *Iwein*. Er will eine
Lücke schließen, die noch fehlende Geschichte von Artus' Jugend
nachholen, denn *wa ez sich erste ane vienc, / daz ist ein teil unkunt* (v.
164 f.). Zunächst erinnert er lang und breit an Bekanntes, die durch Er-
zählungen von seinen Taten (*mit siner reinen tugende sage* v. 175)
wachgehaltene Geschichte seines Ruhmes, der immer noch im Zu-
nehmen begriffen ist, *die wil diu werlt vröuden phliget* (v. 177), d. h.
solange die Artusdichtung ein Publikum findet, das sich zu der mit
seinem Namen verbundenen idealen Welt der Freude bekennt, und
solange die ihm zugeschriebene Maxime *daz er mit lobe lac allen obe*
(v. 193) in der Ritterschaft Nachfolge findet. Das alles ist gut Hart-
mannisch gedacht.

v. 197–211

Heinrichs Tatenpreis und Totenklage:

> Cr 197 *von diu bi sinen ziten*
> *reines lobes er vil erwarp.*
> *leider ob der lip erstarp,*
> *im lebet doch sin reiner nam.*

bedient sich nicht zufällig der Worte Hartmanns:

> Iw 15 *er hat den lop erworben,*
> *ist im der lip erstorben,*
> *so lebet doch iemer sin name.*

Es muß in der *Crone* ebenfalls *lebet* heißen wie in V, nicht *lebte* P, das SCHOLL in seinen Text gesetzt hat. Heinrich zitiert Hartmann, und er nimmt auch dessen Appell an Hörer und Leser auf:

> Iw 18 *er ist lasterlicher schame*
> *iemer vil gar erwert,*
> *der noch nach sinem site vert.*

lebendigen pris (v. 202), formuliert Heinrich, hätte Artus nur, wenn *an den geist allen wis/ tuot er uns lebendigen schin* (v. 203 f.), ,wenn er uns in unseren Gedanken als Vorbild vor Augen steht'. Er ist sich aber nicht sicher, daß das noch der Fall sei, und billigt den Lebenden nur dann ein Recht auf Trauer um ihn zu, *hete(n) si nu lip unde guot / gewendet an so reinen muot* (v. 208 f.), ,wenn sie Leben und Gut in gleicher Gesinnung zu nützen verstünden': *ez zimet doch den besten wol: / tuon wol swaz man sol* (v. 210 f.). Daß *man nach sinem* (Artus') *site vert*, hatte Hartmann ebenfalls gefordert. In der Artus-Ideologie scheint Heinrich mit ihm ganz einig.

v. 217–248

Auch die Art, sich dem Leser vorzustellen, hat er ihm abgeguckt. Beide prahlen ein wenig mit ihrer Bildung: *wan er so geleret was* (Cr 224 ~ Iw 21; AH 1), daß er französische Bücher lesen konnte. Sie preisen ihre Versromane als Unterhaltung an: *ze kurzewile* (Cr 229) ~ *daz man gerne hœren mac* (Iw 26) ~ *da mite er sich möhte / gelieben den liuten* (AH 14), und sie hoffen auf Nachruhm: *da bi man sin gedæhte* (Cr 230) ~ *swer nach sinem libe / si hœre sagen oder lese* (AH 22 f.). Dabei rechnet Heinrich besonders auf die Damen (*wibes gruoz* v. 231). Weil nach allgemeiner Meinung *ane si ist ungewert / der der werlde leben wil* (v. 234 f.), muß ein Autor sich um ihre Gunst vor allem bemühen.

Jetzt nennt er endlich auch seinen Namen (v. 246 f.). Das hatte Hartmann nie so lange hinaus gezögert (Iw 28; AH 4) und auch seine Herkunft (*ein Ouwære* Iw 29; *ze Ouwe* AH 5) nicht verschwiegen, wie Heinrich v. d. Türlin leider getan hat. Mit dem *türlin* ist nichts anzufangen, aber auch Hartmanns *ouwe* hilft nicht viel weiter.

v. 249–255

Heinrich kehrt wieder zu seinem Thema zurück: *wannen geboren wære / künec Artus der guote, / der ie in ritters muote / bi sinen ziten hat gelebet* (v. 250–253), und implizit zu seiner Frage, was uns das angehe. Hier sieht ihn HAUG in Gegensatz zu Hartmann geraten: „aus der Klage über die heruntergekommene Gegenwart ergibt sich nicht die kühne Behauptung, daß das *mære* mehr als ein Ersatz für die vergangene Artuswelt sei, sondern Heinrich verlangt das, was Hartmann gerade nicht intendierte: die gute Tat in Nachahmung der Taten des Königs Artus". „Er hat dessen These von der Überlegenheit der Literatur über das Leben nicht nur übergangen, sondern er ist dezidiert gegen sie angetreten" (Literaturtheorie 272).

Um diese These, die einen Eckpfeiler von HAUGS „programmatischer Fiktionalität" (ebda. 118) bildet, ist es allerdings schlecht bestellt. Sie ist in Hartmanns – wie ich meine: leicht ironisierende – Anmerkung zu der geschilderten Artusherrlichkeit vom Interpreten hineingelesen. *daz nu bi unseren tagen / selh vreude niemer werden mac,* würde er beklagen, sagt Hartmann, *und hulfez iht* (Iw 49–51), ‚wenn es etwas nützen würde‘! *doch müezen wir ouch nu genesen* (Iw 53), ‚wir müssen zusehen, wie wir mit u n s e r e m Leben zurecht kommen‘. Er für sein Teil sehnt sich nicht in die erträumte Artuszeit zurück:

> Iw 54   *ichn wolde do niht sin gewesen,*
> *daz ich nu niht enwære,*
> *da uns noch mit ir mære*
> *so rehte wol wesen sol:*
> *da taten in diu werc vil wol.*

‚Wenn ich schon damals gelebt hätte, könnte ich mich heute nicht an den Erzählungen von den Taten freuen, die sie vollbrachten‘. Damit behaupte Hartmann, behauptet HAUG, „daß die poetische Darstellung der Taten den Taten selbst vorzuziehen sei" (Literaturtheorie 124). „Die Überlegenheit der Literatur über die bloße Faktizität ist damit

zum erstenmal explizit formuliert" (ebda. 125). Und Hartmann sage
nicht viel anderes, als in Chrétiens *Yvain* zu lesen stand:

> Yv 29   *mes por parler de çaus, qui furent,*
> *leissons çaus, qui an vie durent!*
> *qu'ancor vaut miauz, ce m'est avis,*
> *uns cortois morz qu'uns vilains vis.*

Aber da ist die Blickrichtung umgekehrt, weg von den Heutigen, hin
zu den Früheren, u. a. deswegen, weil ein *cortois morz* besser sei als ein
vilains vis. Hartmann hätte die laudatio temporis acti relativiert zu-
gunsten der Lebenden: *ichn wolde do niht sin gewesen!* Und außer-
dem könnte ich euch, wie er schelmisch hinzufügt, dann nicht so
schöne Geschichten erzählen, s e i n e n Roman nämlich, den es anzu-
preisen gilt.
Was der Dichter erschafft, ist eine andere, ,höhere' Wirklichkeit
jenseits der ,bloßen Faktizität', „eine Überlegenheit der Literatur
über das Leben" (Haug 272) folgt daraus nicht. Das mag ein moder-
ner Literatenwunsch sein, Hartmann hätte sich damit lächerlich
gemacht. Er selbst hielt seine Poeterei nur für die schönste Neben-
sache, indem *er ouch tihtennes pflac, / swenner sine stunde / niht baz
bewenden kunde* (Iw 23–25)! Leben und Dichtung waren für ihn
durchaus zweierlei. HAUGS ihm unterstellte Frage: „Wie lebt man
also in einer Zeit, in der die arthurische Idealwelt nicht mehr reali-
sierbar ist?" (Literaturtheorie 124), vermischt und verwechselt Ima-
gination und Realität. ,Realisierbar' war die arthurische Idealwelt
nie, und auf den absurden Gedanken, daß sie es sein könnte oder
sein sollte, ist Hartmann von Aue so wenig gekommen wie Heinrich
v. d. Türlin. Sie huldigten einem Kulturideal im Wissen um seinen
utopischen Charakter. Im späteren Mittelalter hat man damit Thea-
ter gespielt.

v. 260–285

Heinrich unterstreicht noch zusätzlich die ganz und gar märchen-
hafte Szenerie der von ihm erzählten Begebenheiten mit dem *meien-
bæren* König Artus als Mittelpunkt: *er wart in dem meien / geboren*
(v. 260f.), in der schönsten Jahreszeit, wenn die Blumen blühen und
die Menschenherzen, *swie si twanc kumbers last* (v. 272), neuen
Lebensmut schöpfen: *von diu sich gelichet / dem meien Artuses le-
ben, / wan er kunde also geben, / daz sin wart vil manger vro* (v.
282–285).

v. 286–313

> Auch von seinem Ende weiß er schon zu berichten und nützt die Ge-
> legenheit, Hörern und Lesern mit seiner Bildung zu imponieren. Ar-
> tus' Leben lag in der Hand der Parzen: Klotho hat ihm seine Fähig-
> keiten verliehen; Lachesis hat seinen Lebensfaden gesponnen; doch
> Atropos hat ihn leider abgeschnitten, weil auch er ein sterblicher
> Mensch war.
> Und *nu sitzet uf dem rade / ane erben vrouwe Fortune* (v. 298f.). Das
> ist das Ende des Märchens von König Artus.

Was als Jugendgeschichte des Königs Artus geplant war, ist unter den Händen
des Erzählers zu einem Gawein-Roman ausgeufert. Auch an der im Prolog
beschworenen idealen Welt wußte sich sein Autor je länger desto weniger zu
erbauen. Er entdeckt seine satirische Ader, und Keii ist ihr Exponent. Man
muß partienweise von Demontage und Desillusionierung sprechen, wofür die
fatale Handschuhprobe nur ein Beispiel ist. Daß Hartmann, zu dessen Le-
bens- und Kunstanschauung er sich bekannt hatte, mit Heinrichs Werk rund-
um zufrieden gewesen wäre, darf man bezweifeln. Der Dichter selbst war es
umso mehr. Er spricht von ihm jetzt ohne falsche Bescheidenheit als einer
*krone, die mine hende / nach dem besten gesmit hant, / als si min sin vor ime
vant* (v. 29967–29969). WORSTBROCK hatte recht: der den Werktitel erfand, „tat
der Intention des Autors nicht eben viel Gewalt an" (ZfdA 95, 184).
Das Bild der Krone hatte es ihm angetan. Im Prolog hatte er *des riches krone*
als Gesamtkunstwerk beschworen, zu dem er einen Edelstein beitragen zu
können hoffte, einen neben mehreren anderen und nicht den kostbarsten.
Jetzt beansprucht er stolz das Ganze als seine Leistung. Der erhoffte Beifall
steht allerdings noch aus. Für *zwispel herze, valsche zagen* (v. 29973) ist die
krone nicht gemacht. Indem er sie einer Elite (*die guoten und die reinen* v.
29976) vorbehält, wirbt er zugleich um diese. Nur Banausen könnten die li-
terarische Qualität des Romans verkennen und verächtliche Neider ihn eben
deswegen diskreditieren.
Er enthalte *vil manegez vremdez bilde / beidiu zam und wilde* (v. 29984f.).
Die Fabulierlust des Erzählers übertrifft alles bisher Gewohnte, seine Phanta-
sie scheint keine Grenzen zu kennen. Der Leser, der sich darauf einläßt, muß
auf allerlei Schauergeschichten mit grotesken Szenen voll schwarzen Humors
gefaßt sein. Was im herkömmlichen Roman die Wildnis außerhalb der wohl
geordneten Artuswelt war, als Ort der *aventiure* und der ritterlichen Be-
währung zugelassen und benötigt, nimmt überhand, wird beinahe zum
Hauptgegenstand des Interesses. Das ‚Ungebändigte' tritt gleichberechtigt
neben das ‚Gesetzliche'. Noch hat Held Gawein scheinbar alles im Griff. Er

geht aus noch so großen Gefahren immer als Sieger und unbeschädigt hervor,
doch ist keineswegs sicher, daß Artus und sein Friedensreich der Bedrohung
von außen auf Dauer gewachsen wären ohne Gawein. Der ganze Hof zittert
um sein Leben.

Einstweilen scheinen die Schauergeschichten beim Publikum noch angeneh-
mes Gruseln erweckt zu haben, auch bei den Damen, denen Heinrich seinen
Roman ausdrücklich widmet: *dirre arebeit wil ich iu jehen, / wan ich ir durh
iuch began* (v. 29995 f.). Er beschwört sie geradezu, dafür zu sorgen, daß er
nicht um den verdienten literarischen Erfolg betrogen werde: *ir ensult mir niht
enbunnen / iuwerre gnade grüeze gunnen* (v. 29999 f.). Denn der war offenbar
bis zu dem Zeitpunkt, als er den Epilog schrieb, ausgeblieben: *wie wenic ich
noch dar an / nach dienste han gewunnen* (v. 29997 f.). Wenn die spärliche
Überlieferung nicht täuscht, hat diese Befürchtung nicht getrogen.

6
Die Handschuhprobe
(v. 23006–24699)

Die Handschuhprobe gehört zu den von der Fee Giramphiel eingefädelten Listen, mit welchen sie den zauberkräftigen Stein aus dem Gürtel des Fimbeus zurückholen will, den Gawein ihrem Geliebten abgewonnen hatte. Das war seinerzeit in einem nicht gerade ehrenhaften Zweikampf geschehen, er ähnelte eher einem Akt von Wegelagerei. Fimbeus hatte den Artushof besucht und seinen kostbaren Gürtel auch der Königin Ginover gezeigt. Diese verschaffte sich Gelegenheit, ihn selbst anzulegen, und beobachtete an der Reaktion ihrer Umgebung, daß er sie ungemein verschöne. Seitdem wünschte sie ihn zu besitzen. Auf Fimbeus' zweideutiges Angebot, ihr den Gürtel als Minnelohn zu schenken, konnte sie nicht eingehen; sie mußte ihn wohl oder übel zurückgeben. Doch nachdem Fimbeus sich verabschiedet hatte, überredete sie Gawein – dem gar nicht wohl dabei war –, dem Gast nachzureiten und ihm den Gürtel abzunehmen. Das gelang nur dadurch, daß der Stein, der Fimbeus unverwundbar machte, während des Kampfes vom Gürtel absprang. Gawein hob ihn auf und hatte dann keine Schwierigkeiten mehr, Fimbeus zu besiegen. Er zwang ihn, Sicherheit zu leisten und ihm den Gürtel zu überlassen.
Werkzeug der Rückgewinnung ist u.a. ein unsichtbar machendes Handschuhpaar. Die von Giramphiel zu Artus geschickte Botin hat vorerst nur den rechten mitgebracht und soll am Hofe Interesse für seine wunderbaren Eigenschaften und Erwerbswünsche wecken. Da er nur eine Körperhälfte wegzaubert, ist er als Tarnkappe noch ungeeignet. Dazu wird er erst, nachdem ein Ritter als zweiter Bote den linken Handschuh hinzugebracht hat, und mit beider Hilfe dann den von Giramphiel eingefädelten Coup bewerkstelligt.

Mehr als eine Demonstration der Tarnkraft des Handschuhs durch die Botin selbst wäre im Gang der Handlung nicht erforderlich gewesen. Daß der Verhüllungszauber an allen Mitgliedern des Hofes der Reihe nach erprobt wird, ist ein im Grunde überflüssiges Intermezzo. Das erhellt auch daraus, daß der Tarnungserfolg von der sittlichen Reinheit des jeweiligen Handschuhträgers abhängt. Körpergegenden, an denen ein Makel haftet oder die mit einem Fehltritt in Verbindung gebracht werden können, bleiben beim Test sichtbar, wodurch der praktische Nutzen des Handschuhs hinfällig würde.

De facto geht es bei der Handschuhprobe um eine Veranstaltung zur Unterhaltung der Hofgesellschaft, deren Reiz in der Decouvrierung von verschwiegenen Untugenden der tugendhaften Damen und ihrer ritterlichen Kavaliere liegt. Die von ihrem Erfinder Chrétien und von seinem deutschen Nachahmer Hartmann von Aue idealisierte Artusgesellschaft macht sich da selber zum Gespött. Als Kritiker und Tugendwächter fungiert der Zeremonienmeister Keii. Die von ihm aufs Korn genommenen moralischen Defizite und Fehltritte der Damen liegen, Verleumdungen inklusive, vorwiegend im sexuellen Bereich. Eine höfische Gesellschaft, vor der sie ungeniert vorgetragen, an Anwesenden anzüglich exemplifiziert werden konnten und mit Gelächter quittiert wurden, kann jedenfalls nicht prüde gewesen sein und die ihnen zugeschriebenen sittlichen Vollkommenheiten nicht besonders streng und ernst genommen haben.

Die Handschuhprobe läßt sich auch deswegen leicht aus dem Roman herausschneiden, weil während ihres Verlaufs vom Erzähler im Rückgriff alles wiederholt wird, was zum Verständnis des Zusammenhangs nötig ist. Unser Textausschnitt setzt mit dem Eintreffen der Botin am Hofe ein. Die Hofgesellschaft ist neugierig, was für eine Bewandtnis es mit ihrer Mission haben mag. In der allgemeinen Langeweile verspricht ein Gast allemal Abwechslung. Die Fremde wird dem König gemeldet. Artus ist sofort bereit, sie zu empfangen.

23006 **V**ür den künec si die maget beleiten.   *377ʳ*
      si*ne* wolt ouch niht lenger beiten,
      si *en*nige siner magenkraft.
      si warp ir boteschaft
  10 gein siner werden krone
      mit zühten. vil schone
      liez si ir niht wesen gach.
      vil müezeclichen dar nach
      ir rede si began.
  15 si sprach: ›künec, sol ich han
      nach urloup miner sage,
      daz iu dar an iht missehage,
      ob ich ir e beginne,
      e die vrouwen alle hie inne
  20 und diu künegin komen dar zuo?
      swaz ir welt daz ich nu tuo,
      daz sult ir sagen mir.
      ich wil aber, herre, daz ir
      die künegin besendet.
  25 diu rede mac niht verendet
      werden ane si:
      dar umb so muoz si wesen da bi‹.
      nach den vrouwen gienc her Keii.

      Ginover mit den vrouwen,
  30 nach wibes reht erbouwen,
      da in den sal giengen.

23007 Sie *P, Sch.*   8 neige *P, Sch.*   16 Nach *om. Er.*   18 Waz ob *Si.*   20
Und der *Sch.,* Mit der *Si.*   kümen *P,Sch.*   21 f. nu / Tů *P,Sch.*   25 nit wol
P.

23006 Sie führten die junge Dame vor den König.
       Sie wollte ihre Aufwartung vor seiner Majestät
       nicht länger aufschieben.
       Ihre Botschaft trug sie
   10 an seinem Thron vor,
       in geziemender Haltung
       und ohne Übereilung.
       Sie nahm sich Zeit,
       bis sie das Wort ergriff.
   15 ›Soll ich‹, sagte sie,
       ›mit Euer Majestät
       Erlaubnis und Einverständnis,
       mit meiner Botschaft schon beginnen,
       bevor die Königin
   20 und ihre Damen erschienen sind?
       Laßt mich bitte wissen,
       wie ich es damit halten soll.
       Ich würde es begrüßen,
       wenn die Königin benachrichtigt würde.
   25 Mein Auftrag
       geht auch sie an:
       deshalb ist ihre Anwesenheit geboten‹.
       Keii begab sich zu den Damen.

       Ginover und die Damen des Hofes
   30 betraten den Saal
       in festlicher Kleidung.

23032 die maget si empfiengen
minneclichen unde wol.
sine waren niht gesezzen vol,
35 e disiu herkomende maget,
von der ich vor han gesaget,
ir boteschaft ane vie.
swie ich verswigen habe, wie
si gezimieret wære,
40 ez wære doch redebære,
daz ich ez ze rehte seit.
wan daz mich vürbaz jeit
dirre aventiure geschiht,
anders solt ich sin niht
45 verswigen, wan in franzois
ir meister Cristian von Trois
si harte mit lobe priset.
unmuoze mich abe wiset,
und daz ich vil wol weiz,
50 wer sich an tugenden ie gevleiz,
dem ist daz vil wol bekant:
swer in ein so vremdez land
so werde boten sande,
daz er in sunder schande,
55 diu werdes kan geringen,
bewart an allen dingen.
des wolte ich mirz ringen.

Diu maget vor dem künege stuont,
als die boten alle tuont
60 die in den zühten betagent,
unz si ir boteschaft gesagent.

23034 Sie *P, Sch.*   55 Des werdes kein bringen *P,* Diu werdes kan beringen *Sch.*

23032 Sie begrüßten die junge Dame
aufs freundlichste.
Sie hatten kaum Platz genommen,
35 als die Abgesandte,
die ich schon vorgestellt habe,
mit ihrer Botschaft begann.
Obwohl ich nicht darauf eingegangen bin,
wie sie gekleidet war,
40 hätte ihre Kleidung durchaus
eine eingehende Beschreibung verdient.
Doch habe ichs eilig
mit der Erzählung.
Sonst hätte ichs nicht unterlassen,
45 denn ihr Verfasser Chrétien von Troyes
hat sie auf französisch
sehr gerühmt.
Zeitmangel hindert mich,
und außerdem kann ich mich darauf verlassen,
50 was allen höfisch Erzogenen
wohl bekannt ist:
Wer je einen vornehmen Gesandten
in ein fremdes Land schickte,
der sorgte auch dafür,
55 daß es ihm an nichts fehlte,
was seine Ehre beeinträchtigen könnte.
Deshalb konnte ich mir die Wiederholung sparen.

Die Jungfrau verharrte eine Weile vor dem König,
wie alle Diplomaten zu tun pflegen,
60 die mit dem Zeremoniell vertraut sind,
bis sie ihrem Auftrag nachkommen.

23062 si sprach: ›künec Artus, *378^r*
iuwer hof und iuwer hus
ist bekant vil witen.
65 ez *ne*lebet bi disen ziten
nieman, der iu *si* genoz.
iuwer lop ist allenthalben groz
von ganzer tugende werde.
ez *ne*wart uf der erde
70 nie man baz bekant
über alle welsche lant,
deswar, herre, dann ir sit.
so ist ouch gar sunder strit
disiu tugentriche geselleschaft
75 sunder schantlichen haft,
da von ir harte sit geert
und iuwer riches lop gemert
vil gar unerworden.
ez wolte an iu horden
80 vrou Sælde, alles heiles hort,
beidiu werc unde wort:
des habet ir alles bekort.

Ir sult mich gerne vernemen,
und mac iu daz wol gezemen,
85 wan ez iu ze staten kumt
und iu an allen sachen vrumt.
ein boteschaft ich bringe
mit solchem gedinge,
deswar, daz guot ze nemen ist. *378^v*

23065 lebt *P,Sch.*   66 si *aus* so *korr.* X.   69 *wart P,Sch.*

23062 ›Majestät‹, sagte sie,
        ›Eure Residenz und Euer Hof
        sind weithin bekannt.
   65   In unserem Jahrhundert lebt niemand,
        der Euch das Wasser reichen könnte.
        Der Ruhm Eurer Taten
        ist über die ganze Welt verbreitet.
        Kein Erdenbürger
   70   ist besser bekannt
        in welschen Landen,
        als Euer Majestät sind.
        Und dasselbe gilt unbestritten
        von dieser höfischen Gesellschaft,
   75   die sich von aller Schande frei gehalten,
        Eure Ehre gemehrt
        und das Ansehen Eures Reiches
        gefestigt hat.
        Die ganze Fülle des Glücks
   80   hatte Frau Sælde Euch zugedacht,
        und Ihr habt danach getrachtet
        mit Worten und durch Taten.

        Ich bitte, gewährt mir Gehör.
        Das entspricht Eurer Würde,
   85   es liegt in Eurem Interesse
        und wird Euch von Nutzen sein.
        Ich überbringe meine Botschaft
        in der Erwartung,
        daß sie gut aufgenommen wird.

23090 iu hat her von Syanist
        gesant min vrouwe Giramphiel
        einen hantschuoch der ir geviel
        von vrou Sælden ze teile
        und von ir kinde, dem Heile.
   95 umbe den ist ez so gewant:
        swer in hat an siner hant,
        der schinet niht wan halber da,
        und ist der lip anderswa
        gar volleclichen gesehen.
  100 wie daz immer mac geschehen,
        daz wil ich iuch sehen lan,
        so ich vol gesaget han,
        wie ez dar umbe sol gesten.
        der hantschuoch sint zwen!
    5 wer disen ane legen mac,
        den ich uf aventiure bejac
        han braht ze hove her,
        deswar, des wil ich sin gewer
        sin, daz ime den andern git
   10 dar zuo vrou Sælde sunder strit:
        der bejac ze hohem prise lit.

        Ich sage iu wie ez dar umbe stat:
        swer ein valschez herze hat,
        ez si man oder wip,
   15 ist ime mit iht der lip
        gevelschet mit schanden mal,
        daz ez niht gar als ein stal   *379ʳ*
        ist an allen sachen,
        also unstæte machen
   20 an manegem herzen kan,

_____

23111 aber zů *P.*

23090 Aus ihrem Lande Syanist
schickt Euch meine Herrin Giramphiel
einen Handschuh,
den sie von Frau Sælde erhielt
und von ihrem Kind, dem Heil.
95 Mit dem hat es folgende Bewandtnis:
wer ihn an seiner Hand trägt,
von dem ist nur noch die eine Hälfte
seines Körpers sichtbar,
der eben noch voll und ganz war.
100 Wie es dazu kommt,
werde ich Euch vorführen,
sobald ich alles gesagt habe,
was damit zusammenhängt.
Genau genommen handelt es sich um zwei Handschuhe!
5 Wer den einen zu tragen weiß,
den ich zum Beweis des Gesagten
mitgebracht habe,
dem bürge ich dafür,
daß ihm Frau Sælde
10 zweifellos auch den anderen schenken wird:
das ist ein sehr kostbarer Erwerb.

Ich muß noch erläutern, wer ihn nicht erhält:
keiner, der ein falsches Herz hat!
Gleichviel ob Mann oder Frau,
15 haben sie sich irgendwie
mit Schande befleckt,
und ist ihr Herz
nicht gehärtet wie Stahl,
so daß Unbeständigkeit
20 das Herz schwach zu machen vermag,

23121 daz wirt offen dar an,
       wil er daz kleinot tragen.
       daz wil ich iu vür war sagen:
       ez kan aber under beiden,
   25 wiben unde meiden,
       bescheiden sunderlichen kranc:
       an meiden rede und gedanc,
       werc und gedanc an wibe,
       an iegelichem libe
   30 dar nach und ez ist an ime.
       die ritter ich dar zuo nime:
       der tugent unde manheit,
       unzuht unde zageheit
       erzeiget er mit alle
   35 mit misselichem valle.
       ouch hat er ein sunder reht
       daz er an vrouwen speht,
       des ich niht verswigen sol:
       welchez wip getriuweliche wol
   40 kan unde mit stæten
       nach ganzes herzen ræten
       pflegen heimliche amis,
       den si durh stiller vröuden pris
       nach herzen rat hat erwelt,
   45 ob si der e ist geselt;
       und ob si sunder riuwe
       niht zwischelt ir triuwe,
       sit si in gnaden hat gewert,
       und valscher minne niht begert
   50 an in durh valschen list;

                                                              379ᵛ

23142 heimlicher *P.*   43 Die *P,Sch.*

23121 das kommt an den Tag,
wenn er das Kleinod zu tragen versucht.
Das dürft Ihr mir glauben:
der Handschuh ist in der Lage,
25 bei Frauen und Mädchen
unterschiedliche Schwächen aufzudecken:
was Mädchen geredet und gedacht,
was Frauen gedacht und getan haben,
ist an ihrem Körper
30 genau abzulesen.
Auch die Ritter werden nicht geschont:
wenn sie, statt Mut und Tapferkeit zu beweisen,
gewalttätig oder feig gewesen sind,
macht der Handschuh das
35 durch unterschiedliche Male deutlich.
Worauf er bei den Damen
sein besonderes Augenmerk hat,
das will ich nicht verschweigen:
Wenn eine Frau,
40 die Treue zu halten versteht,
dem Drange ihres Herzens gehorchend
heimlich einen Geliebten hat,
den sie zu verschwiegenem Glück
sich selbst erwählt hat,
45 obwohl sie verheiratet ist;
und wenn sie es nicht bereut
und ihre Zuneigung nicht hierhin und dorthin wendet,
nachdem sie den Geliebten erhört hat,
oder gar auf Liebestrug aus ist
50 und ihn zu hintergehen beabsichtigt;

23151 ob er ir niht also ist
        durh deheinen unstæten muot,
        hat er sich wider si behuot,
        als er ir was· in der bete
   55   und do si sinen willen tete:
        der wirt ir unverseit gar.
        hat aber si iht umb ein har
        dehein valsch wider in,
        so hat diu schande an ir gewin.
   60   der rede ich gar sicher bin‹.

        Hie mite diu juncvrouwe nam
        daz kleinot vil lobesam
        und bot ez dem künege dar.
        si sprach: ›herre, nemet war
   65   wie iu daz kleinot behage
        und min rede die ich sage,
        und saget waz iuwer wille si.
        ich müeze wesen da bi,
        ob ir des wellet beruochen,
   70   daz ir ez lat versuochen
        an rittern und an vrouwen.
        deswar, ir möhtet schouwen
        dar an michel wunder.
        sol er werden besunder   *380ʳ*
   75   von den vrouwen an gestrichen,
        man sihet gar erblichen
        manec rose rote varwe,
        der schin nature begarwe
        mit glanz hat übergozzen.

23155 da *P.*   56 Der wirt er *P,* Des wirt er *Sch.*   er] êr *Si.*   72 müget *Sch.*

23151 und wenn dieser nicht ebenfalls
       ein treuloses Herz hat,
       sondern ihr so zugetan bleibt,
       wie er es war, als er um sie warb,
   55 und bevor sie seinen Willen tat:
       dann ist ein Geliebter einer Dame erlaubt.
       Jedoch, wenn sie nur im geringsten
       treulos gegen ihn handelt,
       dann verdient sie ewige Schande.
   60 Davon bin ich überzeugt‹.

       Mit diesen Worten nahm die junge Dame
       das gepriesene Kleidungsstück
       und übergab es dem König.
       ›Majestät‹, sagte sie, ›entscheidet nun,
   65 ob Euch die Kostbarkeit gefällt
       und was ich dazu ausgeführt habe,
       und tut kund, was damit werden soll.
       Ich stünde zur Verfügung,
       falls Euer Majestät geruhen,
   70 die Probe vornehmen zu lassen
       an den versammelten Damen und Herren.
       Dann würdet Ihr, dafür bürge ich,
       allerlei Überraschungen erleben.
       Besonders dann, wenn die Damen
   75 den Handschuh anlegen,
       wird man sehen, wie rosenrote Wangen
       blaß werden,
       die von der Natur
       mit Glanz übergossen waren.

23180 ouch beliben ungenozzen
       sin die ritter niht,
       an den dehein misseschiht
       hie schinet mit iht.

       Doch sol ich vor iu allen e,
   85 ob ich ungewert niht beste
       miner bete und min vrouwe,
       ze offenlicher schouwe
       disen hantschuoch legen an,
       daz ir sehet, ob ich han
   90 die warheit dar an geseit.
       und bin ich des vil balde bereit,
       daz ich mich des niht ensume,
       wan ich, herre, kume
       erbeite der widerkere.
   95 nu sehet waz iuwer ere
       dar an si. daz lat geschehen,
       daz ich daz müeze gesehen
       und disiu massenie,
       wie iegliches amie
  200 und ieglicher amis
       stætes herzen hohen pris
       einander haben getragen.
       ouch sol man schouwen valsche zagen:
       d*ie* kan er wol gezeigen,   *380ᵛ*
    5 schande und tugent seigen
       kan er mit gelicher wage.
       swen miner rede betrage,
       der *ne*sol mir niht wesen gram‹.
       hie mit den hantschuoch nam
   10 Artus, wan ez im wol gezam.

23180 Auch die Ritter
kommen nicht ungeschoren davon,
ohne daß irgendein Makel
publik gemacht würde.

      Doch will zunächst ich als erste,
85 falls meine Bitte
und die meiner Herrin Gehör findet,
vor aller Augen
den Handschuh anlegen,
damit alle sich davon überzeugen können,
90 ob ich die Wahrheit gesagt habe.
Und das sollte sofort über die Bühne gehen,
damit ich keine Zeit verliere,
denn, Majestät, es eilt mir sehr
mit der Rückkehr.
95 Urteilt selbst, was Eurem Ansehen dienlich ist,
und das laßt geschehen,
auf daß ich mir und alle Anwesenden
eine Vorstellung machen können,
wie jedes Liebhabers Geliebte
200 und jeder Geliebten Liebhaber
einander die viel gepriesene Treue
unverbrüchlich gehalten haben.
Auch unentdeckt gebliebene Feiglinge
wird der Handschuh an den Pranger stellen,
5 denn er vermag Tapferkeit und Schande
mit gleicher Waage zu wägen.
Wem meine Rede Verdruß bereitet,
der soll es mir nicht nachtragen‹.
Artus nahm den Handschuh:
10 was blieb ihm anderes übrig.

23211 E denne ich iht sage vürbaz,
      ich sol iuch baz bescheiden daz,
      war umbe dar disiu maget,
      da von ich han gesaget,
   15 was gesant und von weme,
      daz iu dar an iht beneme
      min unmuoze der fabeln sage
      und iuch der warheit entrage;
      und daz ir iuch baz verstat,
   20 daz si vil grozer nit hat
      dar braht, und sage iu, wie
      sich dirre nit ane vie:
      Fimbeus ein ritter hiez
      von Sgardin Angiez,
   25 an allen dingen vollekomen.
      den hete ir ze amis genomen
      ein schœniu gotinne,
      diu im ir süeze minne
      sin tage hete gegeben.
   30 mit hohem prise werdez leben
      si von einander truogen,
      als von minne genuogen   *381ʳ*
      noch von *lie*be wider vert.
      diu gotinne hete in erwert,
   35 daz er nie aventiure
      durh deheines lobes stiure
      mer getorste versuochen,
      unz si in so beruochen
      mohte, daz si wære
   40 sicher aller swære
      an im. daz saget daz mære.

23220 grozer *Sch.*] großen *P.*   26 hatt *P*, hat *Sch.*   29 hatt *P*, hat *Sch.*   32
von minne] noch *Er.*   33 Von minne *Er.*   libe *P.*   34 hatt *P*, hat
Sch.   ymmˢ wert *P.*   38 yme *P.*   41 die mere *P.*

23211 Bevor ich fortfahre,
       muß ich euch genauer erklären,
       zu welchem Zweck
       die Handschuhüberbringerin
  15 wirklich ausgesandt worden war und von wem,
       damit euch nicht durch meine Schuld
       der Zusammenhang der Geschichte
       und der wahre Sachverhalt verborgen bleibt.
       Was ihr wissen müßt ist,
  20 daß langgehegter Haß
       das Motiv für die Gesandtschaft war,
       und der war auf folgende Weise entbrannt:
       Ein Ritter Fimbeus mit Namen,
       Herr über Sgardin Angiez
  25 und ein untadeliger Mann,
       war von einer wunderschönen Fee
       zum Geliebten erkoren worden,
       und die Liebe, die sie ihm schenkte,
       sollte ein Leben lang währen.
  30 In wechselseitiger Hochschätzung
       lebten sie miteinander
       und genossen die Freuden,
       die Liebe zu geben vermag.
       Deswegen hatte ihm die Fee geboten,
  35 vorerst nicht mehr
       an ritterlichen Kämpfen teilzunehmen,
       um seinen Ruhm zu mehren,
       bis sie ihn so ausgestattet hatte,
       daß sie sicher sein konnte,
  40 seinetwegen keinen Kummer zu erleiden.
       So wird berichtet.

23242 Do hiez si im mit listen –
       da mite si in wolte vristen
       vor aller vreise anvart –
   45 einen gürtel würken, der wart
       mit solher kraft geworht,
       daz er vil gar ane vorht
       was, die wile er in truoc.
       der tugende was genuoc
   50 an ime, als ich sagen wil,
       der ich iuch deheine hil.
       er duhte hübesch unde guot,
       wol gezogen unde vruot,
       schœne uz der maze.
   55 waz ich lobes laze,
       da ich in niht ennime,
       des duhte gar ze vil an ime.
       der da mite begürtet was,
       vor aller vreise er genas,
   60 als ich ez in franzois las.

       Daz kom von der steine kraft   *381ᵛ*
       und von grozer meisterschaft,
       diu dar an was geleit.
       kunst und wunsch was bereit
   65 ir, diu in würken liez
       und in so sælic wesen hiez.
       der selben swester Giramphiel
       daz was, wan ir herze wiel
       uf dises ritters minne.

23242 Da *P.*   49 An der *P.*   51 keinen *P.*   52 duhte sich *P.*   56 in nym
P,Sch.

23242 Um ihren Geliebten
vor jedem gefährlichen Angriff zu schützen,
ließ ihm die Fee mit Hilfe von Magie
45 einen Gürtel anfertigen,
dem solche Kräfte innewohnten,
daß jeder, der ihn trug,
ganz ohne Furcht sein konnte.
Der Gürtel war mit vielen Vorzügen ausgestattet,
50 auf die ich ausdrücklich hinweisen
und keinen auslassen will.
Er entsprach der höfischen Mode,
war aus edlem Material kunstvoll gearbeitet
und über die Maßen schön.
55 Jedes weitere Lob von mir –
ich will ihn ja nicht tragen –
wäre verschwendet, bis auf das Wichtigste,
das meine französische Quelle bezeugt,
nämlich daß der mit ihm Umgürtete
60 jede Gefahr heil überstand.

Das rührte vor allem von der Kraft der Steine her
und von der meisterlichen Kunst,
die auf den Gürtel verwendet worden war.
Die ihn herstellte
65 verfügte über magisches Wissen und Können,
das ihn so glückverheißend machte.
Das war die Schwester Giramphiels,
deren Herz in heißer Liebe
für den Ritter entflammt war.

23270 nu mit so richem sinne
       und mit solher kunst
       nach vroun Sælden gunst
       der gürtel gewürket wart,
       Fimbeus sin alte vart
   75 uf aventiure aber jeit,
       als ez sin gewonheit
       ie gewesen was unz her.
       des was Giramphiel gewer,
       wan si sin nu *en*vorhte niht.
   80 von aventiure geschiht
       kom er gein Karidol.
       da wart er enpfangen wol,
       als man einen recken sol.

       Man bot im da richen wert.
   85 die wile dirre hof wert,
       was Fimbeus da bi in
       uf aventiure gewin.
       diu ime volliche geschach,
       wan allez daz in ane sach,
   90 daz markte in ze wunder.
       eines tages dar under
       Ginover nach im sande,
       gar ane wibes schande
       und ane allen valschen muot,
   95 wan daz er hübesch unde vruot
       si duhte unde wol gezogen
       (deswar, des was si unbetrogen),
       und daz ez ie was *ir* site,
       daz si die geste da mite
  300 liebete, swa si mohte,
       als ez ir eren tohte.

382ʳ

23273 gewircket *P*, geworht *Sch.*   79 vorchte *P,Sch.*   81 Kam *P,Sch.* (im-
mer)   88 vollichen *P.*   93 Aber gar *P.*   98 ir] sin *P,Sch.*, ein *Er.*

23270 Nachdem der Gürtel
       mit soviel Kunstverstand,
       und von Frau Sælde begünstigt,
       fertiggestellt worden war,
       wurde Fimbeus wieder
    75 von der Lust auf Abenteuer gepackt,
       was immer schon
       seine Hauptbeschäftigung gewesen war.
       Giramphiel war damit einverstanden,
       weil sie keine Angst mehr um ihn zu haben brauchte.
    80 Auf einer solchen Abenteuerfahrt
       war er auch nach Karidol gekommen
       und dort aufgenommen worden,
       wie es einem fahrenden Ritter gebührt.

       Man erwies ihm viel Ehre.
    85 Solange das Hoffest dauerte,
       blieb Fimbeus da,
       weil er etwas zu erleben hoffte.
       Und darin wurde er auch nicht enttäuscht,
       denn alle, denen er begegnete,
    90 zollten ihm Bewunderung.
       Eines Tages wurde er
       auch von Ginover eingeladen.
       Damit vergab sie sich nichts
       und verfolgte auch keine hinterhältigen Absichten.
    95 Sie hielt ihn für einen höfisch gebildeten
       und welterfahrenen Mann
       (was auch zutraf),
       und es gehörte zu ihren Pflichten,
       vornehme Gäste
   300 in Privataudienz zu empfangen,
       soweit es das Hofzeremoniell zuließ.

23302 harte wol er ir behaget,
       als ich vor han gesaget.
       daz kom von dem gürtel gar.
  5 der rede wart si wol gewar
       und bat ir in zeigen dar.

       Den gürtel er ir snelle bot
       und bat, daz si in ir ze kleinot
       von ime haben solte.
 10 des si niht tuon wolte.
       si wolte in *niwan* schouwen,
       ja*ch* si, unde *den* vrouwen
       in zeigen über al.
       der beider gap er ir die wal,
 15 da mite schiet er von ir.
       ez swuor diu aventiure mir,
       si gurte den gürtel zehant
       über ir oberstez gewant
       und gienc in dem palas   *382ᵛ*
 20 wider und vür, da gesament was
       der vrouwen massenie
       in richer cumpanie.
       nu was si so verwandelt gar,
       daz disiu tugentriche schar
 25 ir durh wunder namen war.

       Ditz verwunderte si gemein,
       daz si so verwandelt schein
       mit so grozer bezzerunge.
       alte unde junge
 30 des vragen begunden,
       waz ir in so kurzen stunden
       die bezzerunge hæte braht.

23304 kam *P,Sch.*   8 ir *om. Sch.*   11 niwan] nuwen *P,Sch.*   12 Jach si *Si.*]
Ja sie *P,Sch.*   den] die *P.*   20 gesāmelt *P.*   32 hette *P,Sch.*

23302 Ich habe schon gesagt,
daß er ihr ausnehmend gefiel,
besonders seines Gürtels wegen,
5 von dem sie viel gehört hatte
und den sie näher betrachten zu dürfen bat.

Er reichte ihn ihr sofort
und forderte sie auf,
ihn als Geschenk von ihm anzunehmen.
10 Das konnte sie unmöglich tun.
Sie wollte ihn nur genauer anschauen,
sagte sie, und wenn möglich
auch den anderen Damen zeigen.
Beide Wünsche erfüllte er
15 und verabschiedete sich von ihr.
Meine Quelle versichert glaubwürdig,
daß sie den Gürtel sofort
um ihr Gewand schlang
und in dem Palas
20 auf und ab ging,
wo der ganze Damenflor
vollständig versammelt war.
Ihr Aussehen war aber so verändert,
daß die Schönen
25 aufs höchste erstaunt waren.

Alle wunderten sich,
sie wie verwandelt
und soviel schöner zu sehen.
Jüngere wie Ältere
30 rätselten darüber,
was in so kurzer Zeit
die Schönheitskur bewirkt haben könnte.

23333 nieman was dar an verdaht,
     daz ez von dem gürtel wære.
  35 ditz was ir aller swære,
     des vröuwete si sich sere.
     disiu sælde und diu ere
     erhuop ir herze und ir muot,
     als ez denne in grozer liebe tuot,
  40 und wart sin von herzen vro.
     in sæliclichem bilde was si do,
     die wile si den gürtel truoc.
     ir gedanc was wilde genuoc,
     wa si ez hin möhte gekeren,
  45 daz si in mit eren
     gar möhte gewinnen.
     sine wolte in niht minnen,
     noch in ze kleinot nemen,
     wan ir daz missezemen
  50 kunde und ir ere lemen.

     Ze male wilt was ir gedanc,
     wan gar mit ir einer ranc
     die kunden und *der gast.*
     ir muot kom nie ze *rast,*
  55 wie si ez dar uf getribe,
     daz ir der gürtel belibe
     also, daz ez *newære*
     niht gar lasterbære.
     si enwolte in so haben niht,
  60 als er in uf minne pfliht
     ir hæte verlan.

383ʳ

23339 Als denne groziu *Sch.*   41 sælegem *Sch.*   44 War *Sch.*   hin
om. Sch.   47 Sie *P,Sch.*   51 Gar zů *P.*   53 der gast: rast *Sch.*] die gest: rest
P.   54 kam *P,Sch.*   57 were *P,Sch.*   61 hette *P,* hate *Sch.*

23333 Keine kam auf den Gedanken,
daß es von dem Gürtel herrührte.

35 Sie beobachteten das alle nicht ohne Neid,
worüber Ginover sich freute.
Ihr Herz und ihre Sinne
waren voller Glück und Stolz,
wie ein freudiges Erlebnis sie bewirkt.

40 Sie war zufriedener mit sich denn je.
Solange sie den Gürtel um hatte,
fühlte sie sich wie im siebenten Himmel,
und sie hatte nur den einen Gedanken,
wie sie es anfangen sollte,

45 daß sie ihn auf anständige Weise
in ihren Besitz brächte.
Denn sich auf eine Liebelei einlassen
und den Gürtel als Liebespfand annehmen,
das wollte sie nicht riskieren,

50 weil es ihrer Ehre abträglich gewesen wäre.

Besonders machte ihr zu schaffen,
daß ihren Absichten
ihre Freunde und der Fremde im Wege standen.
Unentwegt sann sie darüber nach,

55 was sie tun könnte,
damit der Gürtel in ihrer Hand bliebe,
ohne daß sie sich deswegen
etwas vorzuwerfen hätte.
Keinesfalls wollte sie ihn,

60 wie sein Besitzer angedeutet hatte,
als Minnelohn annehmen.

23362 solte si *in* ouch niht *h*an,
       daz was ir von herzen leit.
       der gedanc ir herze jeit
   65 in wandelbærer wise,
       daz si von grozem prise
       iemer solt gevallen,
       den si vor in allen
       von dem gürtel hete gewunnen.
   70 dar uf was si versunnen,
       wolt ir sin Heil gunnen.

       Ir muot den willen underschiet,
       daz si sich ze jungest beriet,
       daz si in wider sante,
   75 e sich der hof swante.
       da mite schiet der ritter dan.
       vil grozen riuwen si gewan,
       daz ir der gürtel niht beleip.
       der riuwe si dar zuo treip,   *383ᵛ*
   80 daz si beschicte Gawein,
       unde gie mit ime al ein,
       daz si im die rede sagete
       und im ouch ir kumber klagete,
       und gerte rates an in.
   85 ouch bat si, daz er nach im hin
       iemer durh ir willen rite,
       und mit im umb den gürtel strite,
       daz er des niht lenger bite.

23362 Doch daß sie auf ihn verzichten sollte,
       schmerzte sie sehr.
       Unablässig quälte sie
   65 die Vorstellung,
       daß sie den Schönheitspreis,
       den sie durch den Gürtel
       vor allen anderen Damen errungen hatte,
       wieder einbüßen könnte.
   70 Sie klammerte sich an die Hoffnung,
       daß ihr Fortuna helfen würde.

       Schließlich entschloß sie sich dazu
       und gab Anweisung,
       daß der Gürtel zurückgegeben würde,
   75 bevor das Fest zu Ende ging.
       Alsbald verabschiedete sich der Ritter.
       Ginover war untröstlich darüber,
       daß sie den Gürtel nicht mehr hatte.
       Ihr Schmerz war so quälend,
   80 daß sie Gawein rufen ließ.
       Sie empfing ihn in ihrer Kemenate
       und erzählte ihm von dem Gürtel
       und wie der Verlust sie betrübe,
       und bat ihn um Rat.
   85 Sie drängte ihn, ihr zuliebe
       dem Ritter nachzureiten,
       und mit ihm um den Gürtel zu kämpfen,
       und keinen Augenblick zu zögern.

23389 Die rede er ungerne tete.
   90 doch muost er volgen ir bete,
      wan er an ir klage sach,
      daz si groz ungemach
      hete mit hertem leide.
      hie schieden si sich beide
   95 mit dirre rede sa zehant.
      sin ors und sin isen gewant
      er ime bringen gebot.
      deswar, do leit er michel not,
      e ime der gürtel würde.
 400 ein vil swære bürde
      truoc er an der ritterschaft:
      daz kom von des gürtels kraft.
      doch gewan er im den gürtel an.
      wie er in ime an gewan,
   5 daz han ich da vor geseit.
      da von wærez ein tumpheit,
      ob ich ez aber seite hie,
      wie ez allez ergie:
      ich wæne, ez*n* lobete niemen.
  10 sicherheit unde riemen
      er beidiu vuorte danne.   *384ʳ*
      swer wibe oder manne
      Gawein daz ze roube zalt,
      der tete im michelen gewalt.
  15 wan ez Ginover betwanc
      mit bete gar, sunder danc.
      daz wære ze sagene gar lanc.

      Dise maget hete dirre nit
      da hin zuo der hochzit
  20 nu von ir vrouwen braht,

23402 kam *P,Sch.*   3 mit strijd an *P.*   9 es *P,Sch.*   11 von dannan *P.*   15
ez] es in *Si.*   Gynouern *P.*   18 hatt *P,* hat *Sch.*

23389 Gawein war von dem Ansinnen wenig erbaut,
90 konnte ihr aber die Bitte nicht abschlagen,
     da er an ihren Tränen sah,
     wie groß der Kummer war,
     unter dem sie litt.
     Sie trennten sich,
95 ohne daß weiter darüber geredet wurde.
     Er ließ sich sofort sein Roß bringen
     und seine Rüstung anlegen.
     Er geriet in äußerste Gefahr,
     bevor ihm der Gürtel zuteil wurde.
400 Der Zweikampf wurde
     mit großer Härte ausgefochten:
     das lag an der magischen Kraft des Gürtels.
     Doch bekam er ihn schließlich in die Hand.
     Wie er ihn Fimbeus abgewann,
5   habe ich an früherer Stelle erzählt,
     und es wäre überflüssig,
     noch einmal zu wiederholen,
     auf welche Weise alles geschah:
     preiswürdig dünkte es niemanden.
10   Sowohl Sicherheitsgelöbnis wie Gürtel
     trug er davon.
     Wer auch immer, Mann oder Frau,
     Gawein deswegen für einen Räuber halten wollte,
     täte ihm bitter unrecht.
15   Denn es war Ginover,
     die es ihm abverlangte, gegen seinen Willen.
     Aber das wäre eine lange Geschichte.

     Wegen des Hasses, der daraus entstand,
     war die Botin zu dem Fest erschienen,
20   von ihrer Herrin geschickt,

23421   do si des lasters gedaht,
      daz ir amise geschehen was;
      und ouch daz Gawein genas,
      do si in ze huse baten
25   und in heten verraten
      wider einen wurm vreissam,
      dem er ouch den lip genam,
      und von im leit michel not.
      daz er doch niht beleip tot,
30   daz kom von dem steine,
      den der gürtel al eine
      mit siner kraft gar besloz.
      des Gawein dicke genoz
      hie und ouch anderswa.
35   hie ich ditze mære la,
      und sage jenez aber sa.

      Artus tet der meide bet.
      den hantschuoch gap er ze stet
      ir und sprach, er wolte sehen,
40   waz von im wunders geschehen   *384ᵛ*
      möhte. daz si in an leite,
      diu maget niht lenger beite,
      und zoch in an *ir* rehte hant.
      zehant ir der lip verswant
45   ze der rehten siten also gar,
      daz man ir niht als umb ein har
      libes noch gewandes sach.
      Artus und ieglicher sprach,
      si gesæhen nie solch wunder.
50   Keii sprach dar under
      mit spote nach gewonem sit:

23430 kam *P,Sch.*   35 dise *P.*   43 ir] sin *P.*

23421 die die Schande nicht vergessen hatte,
die ihrem Geliebten widerfahren war;
außerdem auch, weil Gawein am Leben geblieben war,
als man ihn in verräterischer Absicht
25 eingeladen hatte,
wo er gegen einen furchtbaren Drachen kämpfen mußte.
Er hatte ihn erlegt,
doch war es auf Tod und Leben gegangen.
Daß er mit dem Leben davonkam,
30 rührte von dem Stein her,
der dem Gürtel
seine Zauberkraft verlieh.
Davon profitierte Gawein
bei dieser und bei anderen Gelegenheiten.
35 Soweit diese Geschichte,
und nun zurück zum Handschuh.

Artus erfüllte die Bitte der Botin.
Er gab ihr den Handschuh zurück
und sagte, er wolle sehen
40 was für Wunder er bewirke.
Die Jungfrau zögerte nicht
ihn anzulegen,
und zog ihn über ihre rechte Hand.
Augenblicks war die rechte Hälfte
45 ihrer Gestalt den Blicken entschwunden.
Man sah davon nichts mehr,
weder Körper noch Gewand.
Artus und alle Anwesenden gestanden freimütig,
daß ihnen ein solches Wunder noch nie begegnet sei.
50 Keii fing gleich an,
wie üblich, zu lästern:

23452   ›durh got, sehet disen schrit!
        wer gesach ie maget schriten
        einen schrit so witen,
   55   als disiu maget hat getan?
        ob sich zwelf snelle man
        ze pflihte sazten gein ir,
        so wolte ich si eine mir
        wider si schriten lazen.
   60   wer möhte sich ir gemazen?
        ich sihe einen vuoz hie,
        ich enweiz aber, wa oder wie
        ich den andern vuoz vinde.
        er ist vil harte geswinde,
   65   sprechet ir, war gerumet?
        si *en*hat sich niht versumet,
        ob *mir* rehte si getroumet‹.

        Keii mit der rede machte
        daz Artus selber lachte
   70   und die andern alle.   *385*ʳ
        mit vil grozem schalle
        uobte er sich uf der vrouwen val.
        si gienc umbe in dem sal,
        daz ditz wunder schouwen
   75   ritter unde vrouwen
        solten, daz da geschach.
        Keii aber offenlichen sprach:
        ›ir vrouwen, merket disen trit,
        daz ir iuch priset da mit!
   80   so ir ze hoher hochgezit
        her ze hove geladen sit,
        daz iuch vil manec vürste siht,

23457 setzen *Sch*.   64 Ez *Si*.   swinde *Si*.   65 Seht ir daz wal *Er*.   war]
wa *P,Sch*., wal *Si*.   66 hat *P,Sch*.   67 mir] ir *P*.   80 hochzijt *P,Sch*.

23452 ›Bei Gott, was für ein Schritt!
       Wer hat jemals ein Mädchen
       einen so gewaltigen Schritt tun sehen
  55   wie diese Jungfrau?
       Wenn zwölf der schnellsten Männer
       mit ihr um die Wette liefen,
       dann würde ich
       allein auf sie setzen.
  60   Wer kann sich mit ihr vergleichen?
       Ich habe ihren einen Fuß hier vor Augen
       und weiß nicht, wo oder wie
       ich den anderen suchen soll.
       Er ist kaum einzuholen,
  65   sagt bloß, wohin so schnell?
       Unser Gast hat es verteufelt eilig –
       oder ich habe geträumt‹.

       Keii brachte mit seiner Deutung des Wunders
       sogar Artus zum Lachen,
  70   von den andern zu schweigen.
       Es war ein gelungener Auftakt
       zu seiner Frauenschelte.
       Die Botin ging im Saal herum,
       damit sich alle Ritter und ihre Damen
  75   davon überzeugen konnten,
       daß der Handschuh-Test erfolgreich verlaufen war.
       Keii lieferte wieder seinen Kommentar dazu:
       ›Verehrte Damen, achtet darauf, wie sie schreitet!
       Wenn Ihr ihrem Beispiel folgt,
  80   wird das an allen Höfen Furore machen,
       zu deren Festen Ihr eingeladen seid.
       Da werden Euch viele Fürsten sehen

23483 so enbeitet man so lange niht,
       irn komet gegangen vür.
  85   ob ich die warheit spür,
       deswar, si enist niht erlamt.
       daz si sich zer rehten siten schamt
       und sich da niht sehen lat,
       daz kumt von iuwer missetat,
  90   die si vil wol weiz an iu.
       daz sehet ir wol, umbe diu
       ist ir scham also groz!
       selbe ist si schanden bloz,
       einhalp aller tugende genoz‹.

  95   Ich möhte iu michel wunder sagen
       von heimlichem siuften und klagen,
       daz von den vrouwen ergie.
       waz töhte daz, wan daz hie
       da von würde gelenget
 500   diu rede. des niht enhenget   *385ᵛ*
       dirre aventiure langiu sage;
       und daz ich die selbe klage
       und daz gemein vrouwen leit
       da vor e han geseit:
   5   an dem kopf und an dem mandel.
       des han ich sin wol wandel.
       do diu maget in dem palas
       umbe und umbe gegangen was,
       daz si alle besunder
  10   ersæhen ditze wunder,
       si gienc vür den künec stan
       und sprach: ›herre, ich han getan,
       als ich verhiez. nu tuot ir sam‹!

23484 Ir kūment *P,Sch.*   6 si] so *P,Sch.*   ist *P,* ist sie *Sch.*   95 ŭch wol *P.*

23483 und es gar nicht erwarten können,
daß Euer Auftritt beginnt.
85 Täusche ich mich nicht,
zeigt die Handschuhträgerin keinerlei Ermüdung.
Daß sie sich auf der rechten Körperhälfte schämt
und sie verbirgt,
das geschieht im Hinblick auf Eure Fehltritte,
90 von denen sie weiß.
Das wird sich zeigen, und deshalb
ist sie so schamhaft.
Sie selbst ist makellos
und ein Muster an Tugendhaftigkeit‹.

95 Ich könnte Erstaunliches berichten
von heimlichen Seufzern und Klagen
der im voraus besorgten Damen.
Aber was hülfe das?
Die peinliche Darbietung würde nur
500 hinausgezögert, und das gestattet
die ohnehin lange Geschichte nicht.
Außerdem habe ich über dasselbe Gejammere
und dieselbe Beschämung der Damen
schon an früherer Stelle gehandelt:
5 bei der Becher- und der Mantelprobe.
Deshalb kann ich hier darauf verzichten.
Nachdem die Jungfrau
überall im Saal herumgegangen war,
damit alle das Wunder mit dem Handschuh
10 aus der Nähe sähen,
trat sie wieder vor den König:
›Majestät‹, sagte sie, ›ich habe getan,
was ich versprach. Nun tut Ihr das Eure‹!

23514 den hantschuoch si abe nam
   15 und gap in Artuse dar.
      do schein si beidenthalben gar,
      als da vor, offenbar.

      Nu stuonden dem künege bi
      Gawein, Iwein und Keii,
   20 den der künec daz gebot,
      daz si ditze kleinot
      den vrouwen hin trüegen,
      und liez*en* ez da rüegen
      zwivels herzen allen kranc,
   25 stille werc und gedanc;
      und daz Ginover wære
      diu erste an d*em* mære,
      und die andern dar nach.
      uf wibes haz wart al ze gach
   30 nach d*em* hantschuoch vor disen zwen   *386*ʳ
      Kei*n*. des muost er besten
      die buoze, diu im we tet.
      ez was ouch wol der vrouwen bet,
      daz er solte der erste sin,
   35 an dem diu schande würde schin,
      ob da von noch sin bitter spot
      gelæge, sit er sin bot
      mit disen sin solte.
      der bote daz selbe wolte,
   40 den er da hete sunder not
      bespottet. als er dar bot,
      zehant in gewerte daz kleinot.

23523 ließ *P.*   27 dem] der *P.*   30 disem *P.*   31 Kay *P.*   40 hatt *P,* hat
Sch.

23514 Damit streifte sie den Handschuh von ihrer Hand
15 und reichte ihn wieder Artus.
Sofort sah man sie wieder
in voller Gestalt wie vorher.

Nahe am Thron standen
Gawein, Iwein und Keii.
20 Ihnen gebot der König,
das kostbare Kleidungsstück
den Damen zu überbringen,
damit es an ihnen
alle Schwächen wankelmütiger Herzen anprangern sollte,
25 alle verborgenen Taten und Gedanken;
und Ginover sollte die erste sein,
die sich daran versuchte,
und danach alle übrigen.
Der Frauenfeind Keii hatte es mit der Handschuhprobe
30 eiliger als die beiden anderen.
Dafür erhielt er
eine empfindliche Strafe.
Es war der einmütige Wunsch aller Damen,
daß er der erste sein sollte,
35 der sich zu schämen hatte,
denn sie hofften, daß seine Gehässigkeit
gemildert würde, wenn er als erster
tadelnswert befunden wurde.
Auch die Botin wünschte das,
40 weil er sich ohne Grund über sie lustig gemacht hatte.
Als er seine Hand ausstreckte,
tat der Wunderhandschuh sofort seine Wirkung.

23543 **A**ls nu Keii *ez* nam in sine hant,
    dar umbe ez sich snelle want,
  45 uzen unde inne
    mit solher unminne,
    des er niht truwete genesen,
    solt ez iht ein kleine zit wesen.
    so sere ez brante unde twanc,
  50 daz er da gar sunder danc
    muose rüegen sine missetat,
    e im sins kumbers wurde rat,
    die er dicke hete begangen.
    sus stuont er gevangen,
  55 unz er sich selb*en* beschalt
    umb den michelen gewalt,
    den er mit spote begie
    alle sine tage ie;
    und vil manege misseschiht,   *386ᵛ*
  60 die er versuochte unde niht
    dar an wan laster gewan.
    do er daz allez hete getan,
    do began er in lazen.
    alle die da sazen,
  65 den tet wol und ouch we,
    daz er so jæmerlichen schre.
    daz geschach aber vil tougen.
    ir deheiner sich ougen
    getorste vor siner zungen.
  70 die alten und die jungen
    vorhten in vil sere,
    wan er an ir ere
    vil dicke unverschuldet sprach.

23543 ez] das cleynot *P.*   ez nu Kei *Sch.*   47 Daz *Sch.*   zu genesen
P.   55 selbs *P.*   62 hatt *P*, hat *Sch.*

23543 Kaum hatte ihn Keii in die Hand genommen,
      da wickelte er sich
  45 außen und innen herum,
      und auf so schmerzhafte Weise,
      daß er es kaum ausgehalten hätte,
      wenn es länger dauern sollte.
      So sehr brannte und quetschte ihn der Handschuh,
  50 daß er widerwillig
      alle Vergehen einbekennen mußte,
      die er je begangen hatte,
      bevor der Schmerz aufhörte.
      Da stand er nun wie ein begossener Pudel,
  55 der sich selbst verurteilte
      wegen der Schmähungen,
      die er anderen zugefügt hatte,
      solange er denken konnte;
      und wegen eigener Verfehlungen,
  60 die er begangen hatte,
      und die ihm zur Schande gereichten.
      Nachdem er alles eingestanden hatte,
      hörte der Handschuh auf, ihn zu foltern.
      Die Anwesenden
  65 schwankten zwischen Genugtuung und Mitleid,
      als er so jämmerlich schrie.
      Sie ließen es sich aber nicht anmerken.
      Keiner wollte es
      mit seiner giftigen Zunge zu tun bekommen.
  70 Alte und junge Herren
      fürchteten sich sehr vor ihm,
      weil er oft auch unverschuldet
      ihrer Ehre zu nahe getreten war.

23574 Calocreant sich do rach
   75 an Keii unde spottet sin.
       er sprach: ›hie ist wunders schin
       an disem bihtigære,
       daz er ist so gewære,
       daz er niht antlazes tuot,
   80 e im der man sinen muot
       endeliche endecket.
       ware riuwe er erwecket.
       avert *ir* niht die schulde,
       so habet ir gotes hulde.
   85 des han ich mich wol ervarn:
       ir sit als ein westerbarn,
       aller schande mac man iuch getarn‹.

       Keii die rede versweic.
       sin houbet er nider neic.
   90 er gedahte ez aber vergelten   *387ʳ*
       mit einem wider schelten,
       ob es ime würde stat.
       Artus dise zwene bat,
       Gawein unde Iwein,
   95 daz si under in zwein
       disen hantschuoch solten
       tragen unde wolten
       in den vrouwen geben hin.
       min her Gawein nam in
 600 von Keii do zehant vür sich.
       diu aventiure bewiset mich,
       daz ime niht da von gewar,

23581 Endelichen *P.*   83 ir] er *P.*   84 ir die *P.*   87 was mag *P.*   90 zu-
uergelten *P.*   92 an yme *P.*

23574 Nur Calocreant wagte es,
75 ihm seine Bosheiten heimzuzahlen.
›Hier ist ein Wunder geschehen‹, sagte er,
›durch diesen Beichtvater,
der so unparteiisch ist,
daß er keinen Ablaß gewährt,
80 bis der Sünder sein Gewissen
vollständig gereinigt hat.
Er weckt aufrichtige Reue.
Wenn Ihr die Schuld nicht wiederholt,
ist Euch Gottes Gnade sicher.
85 Das habe ich gelernt, Keii:
Ihr seid jetzt wie ein Täufling,
man kann Euch für sündenfrei halten‹.

Keii schluckte das herunter
und sah unbewegt vor sich hin.
90 Er nahm sich aber vor,
eine gebührende Antwort zu erteilen,
sobald sich eine Gelegenheit dazu bieten würde.
Artus bat noch einmal
Gawein und Iwein,
95 daß einer von beiden
den Handschuh nehmen
und ihn den Damen
bringen möge.
Gawein nahm ihn
600 Keii wieder ab.
Wie in meiner Quelle zu lesen ist,
passierte ihm überhaupt nichts,

23603 und dirre vrouwen schar
     truoc er disen hantschuoch.
  5 des wart ir vil maneger vluoch,
     diu in dar hete gesant.
     er gap in sa zehant
     Ginovern, als er was gemant.

     Den hantschuoch Ginover nam,
  10 der ir niht missezam,
     und zoch in an ir rehte hant.
     an ir er vil wol bekant,
     daz sunder meil was ir lip
     als ein reine lebende wip,
  15 diu da von touc der werlde wol.
     sit ich muoz unde sol
     nihtes lazen der warheit,
     so sol iu werden geseit,
     wie wol er ir zæme,
  20 e denne si in abe næme.
     er was ir aller dinge gereht,   *387ᵛ*
     umb die hant eben sleht,
     und verbarc si einhalp gar,
     wan daz ir munt rosevar
  25 an dem rehten teile schein.
     und an dem selben teile al ein,
     diu *lerc* site was ir bleich;
     diu varwe ir da von entweich,
     daz man si doch vil kume kos.
  30 des wart Ginover vröudelos,
     wan si ir harte widersaz
     dar an, und machte Keii daz,

23603 Under *Sch.*   6 hatt *P*, hat *Sch.*   10 ir an *P,Sch.*   12 er] ere *P.*   17
Nichts *P*, Niht *Sch.*   19 zam: nam *Sch.*   23 si] sich *P.*   27 lerc *om. P,Sch.,*
über der Zeile X?   32 marhte *Si.*

23603 und er trug den Handschuh
      zu den Damen hinüber.
   5 Die waren alle wütend auf Giramphiel,
      die ihn zum Artushof geschickt hatte.
      Gawein reichte ihn Ginover,
      wie ihn Artus geheißen hatte.

      Ginover nahm ihn
  10 ganz unbesorgt
      und zog ihn über ihre rechte Hand.
      Er bescheinigte ihr, daß sie sich
      nichts zu Schulden kommen lassen
      und ihre weibliche Reinheit stets bewahrt hatte,
  15 und deshalb zu Recht das höchste Ansehen genoß.
      Da es meine Aufgabe ist,
      nichts als die Wahrheit zu sagen,
      versichere ich euch,
      daß der Handschuh ihr wohl anstünde,
  20 falls sie ihn zu tragen wünschte.
      Er saß ihr wie angegossen
      auf der Hand
      und verbarg sogleich ihre halbe Gestalt,
      bis auf die rechte Hälfte
  25 ihres rosenfarbenen Mundes.
      Allein diese leuchtete rot,
      die linke war bleich
      und alle Farbe daraus entwichen,
      so daß man sie kaum wahrnahm.
  30 Zu Ginovers Ärger,
      denn es machte ihr Angst,
      und die rührte von Keii her,

23633 der nieman ungespottet lie,
   als er nu ouch vür war hie
 35 ez deheine wis übergie.

   Er sprach: ›ir herren, sehet her!
   miner vrouwen ist ze küssen ger.
   ir munt ist ir also rot,
   er stet noch, als si in bot
 40 minem herren dise naht.
   wizzet ir, wanne er hat die aht,
   daz er so geteilet ist,
   rot unde bleich ze einer vrist?
   daz wil ich iu zerlœsen.
 45 sehet ir den teil bœsen
   und bleichen an dem munde?
   daz geschach, da si enbunde
   des kusses hern Gasozein,
   do si mit einander ein
 50 waren in dem walde,   *388ʳ*
   da ir Gawein vil balde
   sin helfe brahte wider in,
   daz er si niht vuorte hin.
   wan ez geschach sunder danc,
 55 daz er si kuste und mit ir ranc.
   ir stüende ouch der mantel wol;
   swie der kopf wære vol,
   si begoz sich da mite niht.
   man endarf dehein misseschiht
 60 da suochen, der si prüeven wil.
   si ist aller vrouwen triuwen zil:
   triuwe hat si me dan vil‹.

23635 in keine *P*, deheinen *Sch.* 47 do *Sch.* 48 Gaswein *P.* 53 Da
P. 56 stund *P*, stuont *Sch.* 59 mißgeschiht *P,Sch.*

23633 dessen Spott sie erwartete.
      Tatsächlich überging er
  35 auch diese Kleinigkeit nicht.

      ›Seht her, meine Herren‹, sagte er,
      ›unsere Königin will geküßt werden.
      Sie hat einen so roten Mund,
      er hat noch dieselbe Farbe wie heute Nacht,
  40 als sie ihn dem König bot.
      Könnt Ihr Euch denken, wie es kommt,
      daß er zweigeteilt ist,
      zu gleicher Zeit rot und bleich?
      Das will ich Euch verraten.
  45 Seht Ihr die Mundhälfte,
      die unansehnlich und bleich ist?
      Damit hat sie sich
      von Gasozeins Kuß losgerissen,
      als sie miteinander
  50 allein im Walde waren,
      bis Gawein im letzten Augenblick
      ihr zu Hilfe eilte,
      so daß Gasozein sie nicht entführen konnte.
      Denn er hatte sie gegen ihren Willen
  55 geküßt und ihr Gewalt angetan.
      Gleichwohl könnte sie den Enthüllungsmantel tragen;
      und mit dem vollen Zauberbecher
      hat sie sich auch nicht begossen.
      Man wird vergeblich nach einem Makel suchen,
  60 wer immer sie auf die Probe stellt.
      Keine kommt ihr an Treue gleich:
      sie ist das Ideal einer treuen Gattin‹.

23663 Hie mite tete si in abe.
her Gawein dise riche habe
65 Clarisanzen, siner swester, truoc.
des vröuwete sich her Keii genuoc,
wan er gerne an ir sach,
wie si der hantschuoch versprach
an stæte und an muote.
70 Clarisanz, diu vil guote,
den hantschuoch an leit.
da von was ir unverseit,
si*ne* verswant einhalp gar.
wan daz herze da ir bar
75 beleip und ein teil der hant.
Keii sprach ›mir ist wol bekant,
waz disiu sache meinet,
daz der hantschuoch bescheinet
an dirre juncvrouwen: *388ᵛ*
80 ir herze kan wol schouwen
vürbaz denne ir amis.
so grifet ir hant nach hohem pris:
si ist aller stæte ganz.
des mac sich Giremelanz,
85 ir amis, vröuwen wol.
die bluome er ir heien sol,
da von si immer jünge.
ob ime nu misselünge
an ir mit todes geschiht,
90 daz möhte er übel mit iht
an triuwen überwinden.
wer möhte die triuwe vinden
an alten oder an kinden?‹

23669 stetikeit *P*.   73 Sie *P,Sch*.   74 da] daz *Sch*.   bar] har *P*.

23663 Ginover legte den Handschuh ab,
und Gawein brachte die Kostbarkeit
65 seiner Schwester Clarisanz.
Darauf freute sich Keii besonders,
denn er gönnte ihr,
daß der Handschuh Zweifel
an ihrer standhaften Fernliebe wecken würde.
70 Die brave Clarisanz
zog den Handschuh an,
und der brachte auch
ihre eine Körperhälfte zum Verschwinden.
Nur das Herz blieb sichtbar
75 und ein Teil der Hand.
›Ich weiß genau‹, sagte Keii,
›was das zu bedeuten hat,
was der Handschuh
an dieser jungen Dame zum Vorschein bringt:
80 ihr Herz sehnt sich länger
und weiter als ihr Geliebter.
Ihre Hand greift nach dem höchsten Preis
in unverbrüchlicher Treue.
Darüber darf sich Giremelanz,
85 ihr Geliebter, freuen.
Er sollte eine Blume für sie pflanzen,
die ihr ewige Jugend garantiert.
Wenn er nun Pech hat bei der Werbung um sie
und im Kampfe fällt,
90 davor schützen sie
auch seine Treueschwüre nicht.
Wer sucht schon Treue
an Greisen oder Kindern?‹

23694　Ditz horte si vil ungerne.
95　der hantschuoch wart Igerne,
Artuses muoter, gegeben.
den streich si an ir hant vil eben
und zam ir, als ich iu sage.
daz ich iu dar an niht entrage:
700　nach der aventiure zal
ze der rehten siten über al
er si volleclichen bedacte,
daz iht mer an ir enblacte
wan daz ouge und daz ore da.
5　do sprach mit spote her Keii sa:
›herre, schouwet iuwer muoter,
wie wol ir Gansguoter
an sinem videlen geviel,
do si nach siner minne wiel!
10　wie vrœliche ir ouge sach,

389ʳ

do si in sæhe, und waz man sprach,
wie gern ir ore horte daz!
deswar, ich trage ir alter haz,
wan wære si noch wenic junc,
15　si tæte nach vröuden einen sprunc,
der mannes herze tæte vro,
enbor über ir amis ho.
ist des nu nicht, so was ez do‹.

Daz er si also swachet
20　vil maneger do erlachet,
dem es doch niht ze muote was.
siner muoter Orcadas
gap den hantschuoch her Gawein,
an der er schande dehein

23703 vollicliche *Sch.*   7 wol *om. Sch.*   11 sahe *P,* sach *Sch.*   man] er
Si.   15 den freuden *P.*   21 Dem doch niht was ze muote des *Si.*   22 Or-
cades *P,Sch.*

23694 Clarisanz hörte das mit Mißfallen.
   95 Der Handschuh wurde nun Igerne überreicht,
      der Mutter von Artus.
      Sie zog ihn über ihre rechte Hand,
      und er paßte ihr auch.
      Ich verheimliche euch nichts:
  700 wie in der Quelle zu lesen ist,
      verhüllte er die rechte Körperhälfte
      fast ganz,
      so daß nur Auge und Ohr
      noch sichtbar blieben.
    5 Für Keii Anlaß genug zu spotten:
      ›Herr König, seht Eure Mutter,
      wie ihr Gansguoters
      Ständchen gefielen,
      so daß sie für ihn in Liebe entbrannte.
   10 Wie leuchtete ihr Auge,
      wenn sie ihn erblickte. Und was er sprach,
      wie gern hörte sie das!
      Bei Gott, ich sollte mich nicht über ihr Alter lustig machen,
      doch wäre sie noch jünger,
   15 würde sie Freudensprünge vollbringen,
      wie sie Männer gerne haben,
      zu ihrem Geliebten hinauf.
      Wenn's jetzt nicht mehr geht, so ging's doch einst‹.

      Daß er sogar die alte Dame verspottete,
   20 wurde zwar ebenfalls belacht,
      doch war den Lachern nicht ganz wohl dabei.
      Gawein reichte den Handschuh
      nun seiner Mutter Orcadas.
      Ehrenrühriges

23725 mit nihte erzeigen mohte
       (so wol er e ir tohte),
       wan daz ir blacte diu brust.
       do sprach mit grozer akust
       Keii: ›sehet daz wunder!
   30 dise brust souc besunder
       her Gawein in der ersten vrist.
       nu tuot war, wie küene si ist!
       si*ne* wil sich niht verbergen lan,
       als an den andern ist getan.
   35 ob ich ez rehte merke,
       so hat Gawein sin sterke
       und manheit dar uz gesogen.
       han aber ich dar an gelogen,
       so gap si griffe suoze,
   40 die nach der minne gruoze   *389ᵛ*
       geziehent unde stent
       und in des herzen grunt gent.
       der ist einez oder beidiu war:
       si erbiutet sich dem griffe gar,
   45 swie ez halt umb dise var‹.

       Ze næhest saz bi ir da
       diu vil süeze Amurfina.
       der gap man den hantschuoch.
       dar umbe hete si kleinen ruoch
   50 (si nam in unde leit in an),
       daz ir gelückes ban
       dar an lützel schade wart.
       wan daz ir wart unverspart
       ein teil des libes zehant.

23726 e *om. Sch.*   33 Sie *P,Sch.*   39 süße: grüße *P.*   44 den griffen
Sch.   49 hatt *P,* hat *Sch.*   51 vnglücks *P,Sch.*   52 schade] schin *Sch.*

23725 war an ihr nicht bloßzulegen
(der Handschuh stand ihr gut),
doch blieb die Brust sichtbar,
wozu Keii tückisch bemerkte:
›Welch ein Wunder!
30 An dieser Brust hat Gawein
in seinen ersten Lebenstagen gesogen.
Wie man sieht, gibt sie sich noch immer stolz!
Sie versteckt sich nicht,
wie bei den anderen Damen zu beobachten war.
35 Täusche ich mich nicht,
hat Gawein seine Kraft
und Tapferkeit von daher bezogen.
Doch müßte ich mich sehr irren,
wenn sie nicht auch zum Anfassen reizte,
40 wie es zum Liebesspiel gehört,
verlangt und gewährt wird,
und das Herz in Aufruhr versetzt.
Wahr ist das eine und vielleicht auch das andere:
die Brust verweigert sich dem Zugreifen noch nicht,
45 so ungefährlich das jetzt sein mag‹.

Dicht neben ihr saß
die glänzende Amurfina.
Der reichte man den Handschuh.
Sie war ganz unbesorgt,
50 als sie ihn anlegte,
daß die Leiter ihres Glücks
Schaden nehmen könnte.
Doch verdeckte der Handschuh
einen Teil ihres Körpers nicht.

23755 da daz am rehten teile verswant,
      da schein ir daz ende.
      Keii dise missewende
      mit spote undervienc.
      er sprach: ›daz si übergienc
   60 ir eit an der hirat,
      daz ist disiu missetat,
      diu an ir schinet hie.
      dar umbe si Gawein lie
      bi Blandukors beliben niht,
   65 den si mit strites geschiht
      so wolte han verderbet,
      daz mit alle hete geerbet
      daz wilt allez sin lant,   *390ʳ*
      ob er in niht hete gesant
   70 ir bi ir meide.
      ir magetuom tete ir leide,
      als ich an ir bescheide‹.

      Gawein gap in Sgoidamur,
      an der er ouch mit alle ervuor
   75 muot und herzen stæte:
      und ob si ie getæte
      iht wider wibes güete
      von liebe und ungemüete,
      daz er daz erzeigte
   80 und geliche an ir seigte
      missetat unde tugent.
      Sgoidamur, diu reine jugent,
      den hantschuoch ane streich,
      der ir also wol geleich,
   85 daz ir dar an niht gebrast.
      wan vil kleines males last

23755 Do *Sch.*   56 Do *Sch.*   64 Biblanck luthors *P.*   67 Da *P.*

23755 Als die rechte Hälfte den Blicken entschwand,
blieb ein Stück sichtbar.
Keii kommentierte das Malheur
mit Spott und sagte:
›Daß sie ihr Heiratsversprechen
60 gebrochen hat,
das ist die Verfehlung,
die hier offenbar wird.
Darum ließ sie Gawein
nicht bei Blandukors bleiben,
65 den sie mit Krieg
so zugrunde zu richten drohte,
daß sein ganzes Land
eine Beute der wilden Tiere geworden wäre,
falls er ihr nicht Gawein
70 zusammen mit ihrer Zofe geschickt hätte.
Daß sie nicht länger Jungfrau bleiben wollte,
ist meine Deutung ihres Mißgeschicks‹.

Gawein übergab den Handschuh Sgoidamur,
damit dieser auch an ihr prüfte,
75 wie es um die Standhaftigkeit ihres Herzens bestellt war:
wenn sie sich etwas hatte zuschulden kommen lassen,
was einer Frau nicht wohl anstand,
sei es zu ihrem Vergnügen oder aus Kummer,
daß er das aufdeckte
80 und Verdienst und Vergehen
auf die Waagschale legte.
Die jugendschöne Sgoidamur
streifte den Handschuh über,
der ihr so gut paßte,
85 daß nichts zu beanstanden war.
Nur war da leider ein winziger Fleck,

23787 an dem verswinden si twanc:
      da ir harte wol gelanc,
      da schein ir des gürtels vanc.

90 Keii marcte ditze mal.
   er sprach: ›veste als ein stal
   ist dirre juncvrouwen muot.
   si hat alle wege guot
   gedaht unde getan.
95 des mac wol vröude han   *390ᵛ*
   ir süezer amis Gasozein,
   hete si niwan daz al ein
   in ir kintheit versezzen,
   daz si sich liez mezzen
800 undewendic des gürtels so dicke,
    als hie schinet ze blicke.
    waz mac aber gewerren daz?
    ob man si zuo d*em* gürtel maz,
    daz was kleiner schanden meil.
5 si ist snel umb daz nider teil
  und laz umb daz houbet.
  wirt si nider wol betoubet,
  so wirt si umb daz houbet snel.
  und *en*habet ez niht vür ein spel:
10 so getar weren wol ir vel‹.

   Waz er sprach, daz muose sin.
   nach ir wart vrouwen Laudin
   dirre hantschuoch getragen.
   wie er ir stuont, daz wil ich sagen:
15 er zam ir wol und doch niht gar.
   wan zer rehten siten bleip ir *b*ar
   waz die schulter bevie.

23796 Gasowein *P.*   803 dem] der *P.*   9 habent *P,Sch.*   16 har *P.*

23787 der nicht mit verschwinden wollte:
So glatt die Probe sonst verlief,
die Stelle, wo der Gürtel sie umfing, leuchtete hell.

90 Keii bemerkte den Fleck sofort.
›Hart wie Stahl‹, sagte er,
›ist das Herz dieser Jungfrau.
Sie war immer auf dem rechten Wege
mit ihren Gedanken wie mit ihren Taten.
95 Darüber kann sich ihr Geliebter Gasozein
wirklich freuen,
hätte sie nur das eine
in ihrer Jungend unterlassen,
daß sie sich so oft unterhalb der Taille
800 Maß nehmen ließ,
wie man hier sieht.
Nun, was kann das schaden?
Daß man sie unter dem Gürtel betrachtete,
war doch eine läßliche Sünde.
5 Sie ist eben rasch mit der inferior pars
und träge mit dem Kopf.
Wird sie unten bezwungen,
dann wird ihr Kopf hellwach.
Das ist nicht gelogen:
10 sie weiß sich ihrer Haut zu wehren‹.

Das durfte nicht ungesagt bleiben.
Nach ihr wurde der Handschuh
der hochmütigen Laudine gebracht.
Wie er ihr stand, werdet ihr von mir erfahren:
15 er paßte ihr vortrefflich bis auf eine Kleinigkeit.
Von ihrer rechten Körperhälfte
blieb die Schulter unverhüllt.

23818　nu was Keii aber hie,
　　　　der *ez* niht übersach,
　20　er enruogte ie waz geschach,
　　　　ez wære groz oder kleine.
　　　　›nu sehet, waz ditz meine‹,　　　　　　　　　　*391*ʳ
　　　　sprach er, ›ir herren alle,
　　　　und wie ez iu gevalle,
　25　daz disiu vrouwe ist so karc,
　　　　daz si ie so heimliche verbarc,
　　　　swa si nach wibes güete tet.
　　　　daz schinet hie nu ze stet.
　　　　wie tiure ez si verborgen,
　30　vil liht morne od übermorgen
　　　　so ziuhet si ez her vür.
　　　　des gewinne wir groz gevüer
　　　　an unseren amien.
　　　　die müezen *sich* gar vrien
　35　unvuore und ir bilde,
　　　　und werden schanden wilde
　　　　und aller stæte milde‹.

　　　　Nach ir vrouwen Eniten,
　　　　diu ir saz bi siten,
　40　gap man den hantschuoch hin.
　　　　mit wibes zühten nam si in
　　　　und leit in an ungenot.
　　　　und wart si ein teil schamerot,
　　　　daz geschach von keiner unvuor.
　45　diu aventiure mir des swuor,
　　　　daz er ir wol *gezam*,
　　　　wan daz sich uz nam,
　　　　daz si gar was bedecket
　　　　ir libes. d*az* ir blecket,　　　　　　　　　　*391*ᵛ

23819 ez niht] ine nit *P,Sch.*, niene *Er.*　　20 swaz *Sch.*　　29 Swie *Sch.*　　30
morgen ader *P.*　　32 wir] wirt *P.*　　34 sich] sie *P.*　　37 stetikeit *P.*　　43 eins
teils *P.*　　46 czame *P,Sch.*　　49 daz] der *P.*

23818 Dem aufmerksamen Keii
      entging das nicht:
  20 er rügte alles,
      jede Kleinigkeit.
      ›Ich will Euch sagen, was das zu bedeuten hat,
      meine Herren‹, sagte er.
      ›Gefällt es Euch eigentlich,
  25 daß diese Dame so knauserig ist,
      daß sie mit Fleiß zu verbergen suchte,
      was sie, wie alle Evastöchter, getan hat?
      Das wird nun offenbar.
      Wie listig sie es verborgen hat,
  30 morgen oder übermorgen
      wird sie es doch preisgeben.
      Das ist sehr lehrreich für uns
      beim Umgang mit unseren Geliebten.
      Die brauchen sich nur freizuhalten
  35 von schlechtem Benehmen und dergleichen,
      dann werden sie von übler Nachrede verschont
      und können mit ihrer Standhaftigkeit prahlen‹.

      Nach Laudine übergab man den Handschuh
      der liebenswürdigen Enite,
  40 die neben ihr saß.
      Sie nahm ihn wie eine wohlerzogene Dame
      und legte ihn unaufgefordert an.
      Daß sie ein wenig errötete,
      rührte nicht von einem faux pas her.
  45 Meine Quelle hat mir versichert,
      daß er ihr wohl anstand,
      doch blieb ein Stück ihres Körpers
      von dem gänzlichen Verschwinden ausgespart.
      Was sichtbar blieb,

23850 daz was diu huf und der vuoz.
       Keii sprach: ›die wile ich muoz
       dise missetat ougen,
       so ist des unlougen:
       ir vuoz wære wol bereit,
    55 swa minne wære ir geleit,
       da man si vinden solde.
       diu huf daz selbe wolde:
       si gap geleite an den wec.
       ir kom min herre Erec,
    50 deswar, an der zit:
       si muose disen minnen strit
       verenden e alsam sit‹.

       Nach vrouwen Eniten da saz
       ein vrouwe, der man niht vergaz:
    65 die *minnete* min her Parzival.
       diu was diu niunde an der zal,
       an der er ouch üebete
       daz si mit alle betrüebete.
       do si in leite an ir hant,
    70 er tete in allen bekant
       wie si was gewesen unz her.
       daz rehte teil verswante er,
       daz es da niht mer schein
       wan vorne daz rehte bein
    75 mit alle unz an den nabel her uf.
       Keii sprach: ›solhen kouf   *392ʳ*
       möhte ieman übel lazen,
       der also gar ze mazen
       nach grozer werdekeite kumt.

23851 die wile] sit *Sch.*   65 minte *aus* mute *P korr. X,* muote *Sch.*   67
uobte: betruobte *Sch.*   75 her *om. Sch.*

23850 waren die Hüfte und der Fuß.
›Das Malheur‹, sagte Keii,
›das ich vor Augen habe,
läßt keinen Zweifel:
ihr Fuß wäre gern bereit,
55 sich dort einzufinden,
wo ihr Minne angetragen wird.
Die Hüfte wollte dasselbe
und war schon auf dem Wege dahin.
Herr Erec
60 kam gerade noch rechtzeitig,
so daß sie das Liebesspiel,
wie gewohnt, mit ihm trieb‹.

Neben Enite saß
eine Dame, die nicht zu übersehen war,
65 Herrn Parzivals Geliebte.
Sie war als neunte an der Reihe,
sich der Handschuhprobe zu unterziehen,
und nicht zu ihrem Vergnügen.
Als sie ihn angelegt hatte,
70 erfuhren alle,
wie es um ihre Tugend bestellt war.
Er ließ ihre rechte Körperhälfte
nur soweit verschwinden,
daß das rechte Bein aufwärts
75 bis zum Nabel sichtbar blieb.
›Einen solchen Handel‹, sagte Keii,
›sollte man besser unterlassen,
weil er dem guten Ruf
nur bedingt zuträglich ist.

23880 dirre juncvrouwen hat gevrumt,
    daz ir Parzival entsluoc,
    wan si vil kume daz vertruoc,
    daz er si so lange wert.
    sehet *wie si* der minne heimlich gert,
85 daz si sich so biutet vür.
    daz selbe ich an dem beine spür:
    daz hebet si ungenot enbor.
    si wolte, daz ir bürgetor
    wære alle wege entslozzen.
90 si ist des gar verdrozzen,
    daz si vor niht hete genozzen‹.

    Bi ir saz ze næhest da
    min vrouwe Galaida,
    diu hern Keiin amie was,
95 von *Landrie* Leimas
    der herzoginne swester.
    an der sin spot vester
    wart danne an in allen,
    die da waren gevallen
900 under dirre vrouwen schar.
    den hantschuoch gap man ir dar,
    daz entwederz wol verdolt.
    do er si aber swenden solt,
    do gebrast im an siner kraft
5 und verlos an ir sin meisterschaft.
    wan si bloz sunder lougen   *392ᵛ*
    beleip, wan diu ougen:
    diu waren *bl*indenbære.

23880 jumpfrauwen *P.*   84 wie si *Er.*] wes *P,Sch.*   begert *P.*   95 Syandrie *P,Sch.*   91 ir *aus* jne *korr. P.*   8 waren vns *P.*   hindenbare *P,Sch.*

23880 Dieser jungen Dame passierte es,
daß ihr Parzival davonlief,
weil sie es nicht hinnehmen wollte,
daß er sich ihr so lange verweigerte.
Seht doch wie sehr sie nach Minne verlangt,
85 daß sie sich so anbietet.
Das sichtbar gebliebene Bein verrät es:
sie spreizt es unaufgefordert.
Ihr Burgtor
sollte immer unverschlossen sein.
90 Sie ärgert sich darüber,
daß sie nicht befriedigt wurde‹.

Dicht neben ihr saß
eine Dame namens Galaida,
Herrn Keiis Geliebte,
95 die Schwester der Herzogin
Leimas von Landria.
Sie hatte unter seiner bösen Zunge
anscheinend mehr zu leiden als alle übrigen
in dem Damenflor,
900 die einen Fehltritt begangen hatten.
Man reichte ihr den Handschuh,
was dem so wenig gefiel wie ihr.
Denn als er sie zum Verschwinden bringen sollte,
fehlte ihm die Kraft dazu,
5 und seine Zaubermacht wurde an ihr zuschanden.
Ihr ganzer Körper blieb wie er war,
bis auf die Augen:
die waren wie die einer Blinden.

23909 swie vil des andern wære,
   10 daz was offenlichen ze sehen.
      Keii sprach: ›nu wil ich jehen,
      daz man under disen vrouwen
      niemen mac so wol getrouwen
      als miner vriundinne.
   15 er*n* hete niht guoter sinne,
      der si velschet an ir minne.

      Sehet ir daz, wie schemic si ist?
      si getar diu ougen keine vrist
      uf getuon vor grozer scham.
   20 wie reht si uz den andern nam
      dis*er* hantschuoch an stæte!
      wie ungern si tæte
      wider mich an keinen sachen!
      wie ungern si sich swachen
   25 an deheiner bete liez,
      daz si ez niht gehiez
      zehant an der stunde!
      e si ez mit dem munde
      verheizet, so ist ez getan.
   30 vür den künec nach minem wan
      hat si mit milte getreten.
      si git ir lip ungebeten,
      swie in der man suochet.
      si*ne* wirt selten vervluochet
   35 umb ufschup oder versagen.   *393*ʳ
      si *en*kan an tjoste niht verzagen.

23910 offenliche *Sch.*   15 Er *P,Sch.*   21 Diser Si.] Disen *P,Sch.*   23 wider mich] widerwic *Si.*   34 Sie *P,Sch.*   36 kan *P,Sch.*   verzagen Si.] versagen *P,Sch.*

23909 Alles übrige
10   konnten alle sehen.
     ›Ich behaupte‹, sagte Keii,
     ›daß man keiner von unseren Damen
     so blind vertrauen kann
     wie meiner Geliebten.
15   Der ist nicht bei Verstand,
     der ihre Liebe herabwürdigt.

     Seht Ihr nicht, wie schamhaft sie ist?
     Sie wagt die Augen nicht aufzumachen,
     weil sie sich so sehr schämt.
20   Dieser Handschuh hat ihre Treue
     mit Recht über die aller anderen gestellt.
     Niemals wollte sie meinen Wünschen
     im geringsten zuwider handeln.
     Niemals mußte ich sie quälen,
25   einer Bitte zu willfahren,
     die sie nicht auf der Stelle
     zu erfüllen versprach.
     Sie ist schon erfüllt,
     bevor sie den Mund auftut.
30   Wenn ich recht sehe,
     übertrifft ihre Freigiebigkeit die des Königs.
     Sie schenkt ihren Körper freiwillig
     dem Manne, der ihn begehrt.
     Niemals schimpft einer über sie,
35   weil sie ihn warten läßt oder sich versagt.
     Sie ist unermüdlich bei der Minne-Tjost.

23937 swie man ez ze velde bringet,
      ir muot nach tjoste ringet.
      swie man si versuochen mac,
   40 beide stich unde slac
      nimet si hinden unde vor,
      bi siten, unden und enbor:
      daz nieman tritet in ir spor.

      Wol mir, daz ich iuch ie sach!
   45 wan swa mir ie misseschach
      oder schande ie wider vuor,
      daz hat iuwer tugende vuor
      an mir gar verdecket.
      ob noch an mir iht wecket
   50 niuwiu schult alte missetat,
      des wirt aber vil guot rat:
      so decket ez nu als e,
      sit beider lop an iu ste,
      daz iuwer und daz min.
   55 ir sult hin vür also sin,
      als ir unz her gewesen sit.
      so müget ir iuwer zit
      von triuwen wesen wibes nit‹.

      Sit Keii des niht vergaz,
   60 daz er sine amien bespottet vil baz
      danne die andern alle
      an ir stæte valle,
      des sol man ime ouch vertragen,
      hœrt man in an den andern sagen
   65 daz iuch bedunket missezemen.   *393ᵛ*
      ern wolte niemen uz nemen
      an schimpfe und an solhem spote.

23937 ez] sie *Sch.*   42 sijts *P.*   45 misseschach *Lei.*] miße geschah
P,Sch.   49 niht *P.*   50 schult] schilt *P.*   52 decke *P.*   ir ez *Sch.*   53
beide *P.*   66 Er *P,Sch.*

23937 Sie verlangt selbst danach,
      auf welchem Turnier es sei.
      Wo immer einer sie angreifen will,
   40 sie weiß Stich oder Schlag zu parieren:
      hinten und vorne,
      seitlich, unten und oben:
      keine versteht sich darauf wie sie.

      Was für ein Glück, daß ich Euch kennen gelernt habe:
   45 wann und wo ich von Pech verfolgt war
      oder in Schande geriet,
      habt Ihr das auf Eurem Tugendpfade
      bei mir zugedeckt.
      Falls ich neuerlich schuldig werde
   50 und in alte Sünde zurückfalle,
      brauche ich keine Sorge zu haben:
      deckt sie wieder zu wie früher,
      denn in Eurer Hand liegt es,
      ob wir beide gelobt werden.
   55 Bleibt auch weiterhin so,
      wie Ihr bislang gewesen seid!
      Dann werden Euch, so lange Ihr lebt,
      alle Frauen um Eure Treue beneiden‹.

      Da Keii es nicht unterließ,
   60 seine eigene Geliebte
      noch heftiger als alle anderen
      wegen ihrer Fehltritte zu verspotten,
      muß man ihm auch durchgehen lassen,
      wenn man hört, was er anderen ankreidet,
   65 und was euch unangemessen dünkt.
      Er verschonte niemanden
      mit Scherz und Satire.

23968 Gawein und dirre bote
      den hantschuoch (daz muose sin)
  70 gaben Flursensephin,
      wan si was diu næhste da.
      der verswant der lip halber sa
      an dem rehten teile;
      niwan von unheile
  75 beleip ir des libes
      ze sehene, da man wibes
      niht offenlichen ze sehen gert,
      und da muoz mite gewert
      sin, daz man lonen sol.
  80 waz ich meine, daz wizzet ir wol,
      wan si ist der rehte schol.

      Hie seit Cristian von Trois,
      daz dise vrouwe Quoikois
      hete dar des tages braht
  85 Gawein ze liep – wan er gedaht
      daz er in da vünde –
      mit solhem urkünde,
      daz ime da lop wære;
      und durh die valsche mære,
  90 die von sinem tode vlouc
      und vil manegen betrouc;
      und daz er ouch ze hove seit,
      mit wie grozer manheit
      von ritters tat er bejaget
  95 dise, do si was ein maget;   *394ʳ*
      und ime sin reht gap dar an,
      daz ir amis und ir man
      er wære an siner stat.

23977 offenliche *Sch.*   begert *P.*   79 lonen] loben *Sch.*, leben *Er.*   83
Luoykoys *P.*   89 daz *Sch.*   90 Daz *Sch.*

23968 Gawein und die Botin
reichten den Handschuh
70 Flursensephin,
die als nächste an der Reihe war.
Bei ihr verschwand zwar
die rechte Hälfte ihres Körpers,
doch blieb unglücklicherweise
75 der Körperteil sichtbar,
den man bei Frauen
nicht zur Schau gestellt zu sehen wünscht,
und womit der Minnelohn
gewährt wird.
80 Ihr wißt schon was ich meine,
denn dort ist das Ziel der Wünsche.

Chrétien von Troyes berichtet,
daß Quoikois diese Dame
zum Feste mitgebracht hatte,
85 Gawein zuliebe – denn er rechnete damit,
ihn dort zu treffen –,
um Zeugnis abzulegen
von seinem Ruhm;
und auch wegen des falschen Gerüchts
90 von seinem Tode,
das viele geglaubt hatten;
und damit der Hof durch ihn erführe,
mit wie großer Tapferkeit
Gawein Flursensephin als Jungfrau
95 ritterlich erwarb;
und daß er sie ihm überlassen hatte,
auf daß er ihr Geliebter und Ehemann
würde an seiner Stelle.

23999 ouch gerte diu vrouwe unde bat,
24000 daz si den hof müeste sehen,
       da von si solher tugende jehen
       horte. daz was geschehen.

       Nu keren wir ze unser rede hin.
       diu girde was ir ungewin,
   5   wan si wol bewart wart.
       Keii sprach: ›diu hochvart
       ist geschehen selten e.
       sehet waz ir von dem libe ge,
       und enbor also hoch strebe,
  10   und sich mit solhem vollen gebe.
       swer ez besten getar!
       ez ist sunder væle gar,
       si züge wol einen stein,
       des *en*ist zwivel dehein.
  15   der lon ir vil vorder lit,
       den vrou Minne ze lone git,
       kan ich ez ze rehte spürn.
       küener denne ein einhürn
       ist si, daz siz erzeiget:
  20   wan si sich hat geneiget
       ze hurten mit zorn;
       si ist vil küene hie vorn,
       hinden darf si niht sporn‹.

       Disse lachte diu massenie.
  25   den hantschuoch nam Parkie
       und bewarte sich da mite: *394ᵛ*
       er tete nach gewonem site.
       ze der rehten siten er *si* barc,
       und wart ir doch ein wenic arc.

23999 begerte *P,Sch.*   24004 begirde *P,Sch.*   13 Si] Und *Sch.*   14 ist
P,Sch.   zůgen *P.*   24 Ditze *Sch.*   28 si *Si.*] sich *P,Sch.*

23999 Auch war es der Wunsch der Dame gewesen,
24000 den Hof kennen zu lernen,
       von dem sie soviel Rühmliches gehört hatte.
       So war es zu dem Besuch gekommen.

       Doch kehren wir zu unserer Geschichte zurück.
       Ihre Neugier gereichte ihr zum Nachteil,
   5   denn ihre rechte Körperhälfte blieb unverhüllt.
       ›Soviel weiblicher Hochmut‹, sagte Keii,
       ›ist mir niemals begegnet.
       Seht ihren Körper,
       wie stolz er sich aufrichtet
  10   und in einem vollen Busen entlädt.
       Wer sich da herantraute!
       Er ist hüllenlos
       und würde ohne Zweifel
       selbst einen Stein liebestoll machen.
  15   Sie trägt den Lohn vor sich her,
       den Frau Minne gewährt,
       wenn ich richtig sehe.
       Sie ist mutiger als das Einhorn,
       indem sie ihn zeigt:
  20   sie hat sich fertig gemacht
       zu zornigem Minne-Kampf,
       vorne kühn einladend
       und hinten keines Sporen bedürftig‹.

       Darüber lachte die ganze Versammlung.
  25   Den Handschuh nahm jetzt Parkie
       und bekleidete sich damit.
       Er wirkte wie gewohnt:
       er verhüllte ihre rechte Körperhälfte,
       nicht ohne eine kleine Bosheit.

24030 swie milte er ir wære,
      ir beleip schinbære
      uzgenomenlich daz nider teil.
      Keii sprach: ›daz was unheil,
   35 daz der steft so geriet,
      daz er si so gar underschiet
      und *ne*wolte nie erwinden,
      unz er ir hinden
      gehaft, als ir selber seht.
      het ich die wunden ze reht
   40 gepfahtet, solte si genesen,
      daz weste ich wol, solte ez wesen.
      ir ist aber uzen der zar
      so wite. ich wæn, vil ungewar
      er in tiefe geheftet hat.
   45 her Lucanus, sit ir ir arzat?
      so ergründet uns die wunden,
      daz ir schade werde vunden
      und si ze rehte gebunden‹.

      Von dirre rede wart michel schal
   50 gemeinliche in dem sal.
      des verdroz die vrouwen sere.
      ouch heten die unere
      die ritter gerne gedaht,
      wære Keii gewesen in der aht,
   55 daz er ez hete verdolt.
      des enwas niht, wan er kolt
      mit spote swen er mohte.   *395*ʳ
      ich enspriche niht wa ez tohte.
      nieman ime dar zuo getiuret.
   60 in hete so wol ungehiuret
      dar an *altiu* gewonheit,
      daz erz an nieman vermeit.

24034 nider] hinder *Si.*   36 wolt *P,Sch.*   60 gestiuret *Si.*   61 altiu *Si.*] alle
P,Sch.

24030 So gnädig er ihr sein mochte,
von ihr blieb ausgerechnet
die inferior pars sichtbar.
›Das war ihr Pech‹, sagte Keii,
›daß der Dorn so beschaffen war,
35 daß er sie in der Mitte teilte,
und nicht davon ablassen wollte,
bis er hinten in sie eindrang,
wie Ihr sehen könnt.
Hatte ich die Wunde richtig
40 diagnostiziert und wäre sie heilbar,
so würde ich dafür sorgen.
Der Riß scheint jedoch außen so breit,
ich fürchte, der Dorn hat sich
unvorsichtigerweise in der Tiefe festgesetzt.
45 Seit Ihr nicht ihr Arzt, Herr Lucanus?
Untersucht doch für uns die Wunde,
damit der angerichtete Schaden entdeckt
und sie fachmännisch verbunden wird‹.

Diese Worte lösten im Saal
50 ein großes Gelächter aus,
was die Damen sehr erboste.
Auch die Ritter hätten die Schande
lieber vertuscht,
hätte nur Keii es über sich gebracht,
55 etwas unkommentiert zu lassen.
Aber dem war nicht so. Er verletzte
mit seinem Spott, wen er wollte.
(Ich sage nicht, wozu es gut war.)
Niemand lobte ihn dafür.
60 Es war sein altes Laster,
das ihn zum Scheusal machte,
das keinen ungeschoren ließ.

24063 des muose man ez liden,
      wan ez nieman vermiden
  65 mit deheiner tugende kunde.
      im selb*en* er nihtes gunde,
      daz er unbespottet belibe.
      daz er daz al sin tage tribe,
      des jehent alle aventiure
  70 und swerent vil tiure,
      daz ez war si unwendic.
      swen ie bestricte sin stric,
      dar an vant er spotes sic.

      Als Keii dise rede getet,
  75 Gawein unde Lanzelet
      gaben in do vürbaz
      einer vrouwen, diu da saz,
      des herren Lanzelet amien,
      der schœnen Janphien.
  80 der tete er michelen gewalt.
      ich enweiz wes si da engalt,
      daz er si niht swande,
      wan si deheiner schande
      vor nie wart gezigen.
  85 si muose aber hie under ligen
      gemeiner vrouwen swære.   *395ᵛ*
      wære ir der rihtære
      an Lanzelet so wæge niht
      gewesen, ir ungeschiht
  90 hete er gerüeget dort als hie.
      daz des da niht ergie,
      daz liez er durh ir amis,
      dem also hohen ritters pris
      daz buoch an der mære verjach,

24066 selbs *P.*   niht *Sch.*   71 Daz er wær sin *Si.*   81 swes *Sch.*   87
Wære *Sch.*] Wart *P.*   tihtære *Wa.*   94 an dem *Sch.*, ander *Wa. Si.*

24063 Man mußte es ertragen,
da kein noch so Tugendhafter
65 dem zu entgehen vermochte.
Er beanspruchte für sich selber nicht,
unverspottet zu bleiben.
Alle Geschichten erzählen,
daß er das sein Leben lang so trieb,
70 und beschwören mit Eiden,
es sei die reine Wahrheit:
wer sich in seinem Netz verfing,
über den triumphierte sein Spott.

Nachdem Keii geendet hatte,
75 gaben Gawein und Lanzelet
den Handschuh weiter
an eine Dame, die daneben saß,
Herrn Lanzelets Geliebte,
die schöne Janphie.
80 Die hatte besonders unter ihm zu leiden.
Ich weiß nicht, wofür sie bezahlte,
daß der Handschuh sie nicht den Blicken entzog,
denn sie war zuvor
keines Fehltritts geziehen worden.
85 Hier wurde sie derselben Schwächen bezichtigt
wie die übrigen Damen.
Aber hätte der Richter um Lanzelets willen
sie nicht so bevorzugt behandelt,
so hätte er ihre Verfehlungen
90 dort genauso getadelt wie hier.
Daß es damals nicht geschah,
unterblieb wegen ihres Geliebten,
von dessen unvergleichlichem Ritterruhm
die Geschichte erzählte,

24095 unde sin arebeit swach
　　　 ein teil dar an müeste sin,
　　　 ob er deheines tadels schin
　　　 gæbe siner vriundinne
　　　 an unstæter minne.
　100 des muose er ouch haben wart:
　　　 swie doch an wibes missevart
　　　 der man kleine schulde habe,
　　　 er würde besprochen vil liht dar abe
　　　 von argen bizungen,
　　5 die mit *vare* zuo sprungen,
　　　 swa man der rede gewüege.
　　　 des was ez vil gevüege,
　　　 daz er si uz næme,
　　　 swie ir doch missezæme
　　10 der mantel vil sere.
　　　 her wider ich kere
　　　 ze der aventiure lere.

　　　 Janphie tete den hantschuoch an.
　　　 ob si des kumber gewan,
　　15 daz *ne*was dehein unbilde,
　　　 wan unmæzic unde wilde
　　　 was Keii siner zunge.
　　　 wie ir joch misselunge,
　　　 daz wil ich iu künden:
　　20 geliche wilden ünden
　　　 ir lip *sich* gar uz nam
　　　 vorne. hinden niht alsam:
　　　 da was si bedecket wol.

396ʳ

24096 must *P*, muoste *Sch.*　103 vil *om. Sch.*　4 biz-zungen?　5 vare Si.]
waren *P*, wæren *Sch.*　15 was *P,Sch.*　17 **W**as *P.*　19 verkünden
P,Sch.　21 sich] sie ir *P.*

24095 und dessen Leistung
       gemindert worden wäre,
       wenn der Erzähler auch nur den Anschein erweckt hätte,
       die Treue seiner Geliebten
       könne nicht über jeden Zweifel erhaben sein.
100   Darauf mußte er Rücksicht nehmen:
       wiewohl der Mann an dem Fehltritt seiner Frau
       keinerlei Schuld hat,
       es würde womöglich darüber geredet
       von bösen Lästerzungen,
5   die allerlei Verleumdungen aufzutischen wüßten,
       falls die Rede darauf käme.
       Deswegen war es gerechtfertigt,
       daß er Janphie schonte,
       obwohl ihr der Mantel
10   ganz und gar nicht zustand.
       Ich kehre wieder zurück
       zu der Handschuh-Affäre.

       Janphie legte den Handschuh an.
       Daß sie dadurch betrübt wurde,
15   war nicht verwunderlich,
       denn Keiis Zunge
       war maßlos giftig.
       Wie es zu ihrem Mißgeschick kam,
       werde ich euch verraten:
20   es war, als rauschten Meereswogen
       vorn über ihren Körper;
       hinten nicht:
       da war sie ordentlich bekleidet.

24124 die ünde ich bescheiden sol,
   25 wie si an ir vluzzen,
       und wa si sich under schuzzen
       verborgen und offenlichen.
       einiu liez überstrichen
       oben über daz ende;
   30 über brust und über hende
       diu ander mit gewalte schoz:
       da zwischent bleip mit alle bloz,
       durhsihtic unde kunt
       daz rehte ouge und der munt;
   35 ein ander ünde sich da wal
       unz uf den nabel ze tal:
       bloz bleip diu stat in der mitten,
       da mit minne wirt gestriten,
       gar ze tal uf daz knie;
   40 niderthalp ein ünde gie
       über diu beine uf den vuoz.
       sit man ez sagen muoz,
       so bot ir Keii spotes gruoz:

       ›Her Lanzelet‹, sprach er
   45 ›ich bin iuwer vrouwen gewer,
       daz si sich wol hat behuot.
       waz bediutet disiu wilde vluot   *396ᵛ*
       wan ganze tugent, stæten lip,
       diu ein reht tuondez wip
   50 hat unbesprochen ir tage?
       man möhte si von valscher sage
       beliegen, der ez tæte.

24128 liez] lie *P,* gie *Sch.*   35 ünde] vnder *P,Sch.*   36 nagel *P.*   48 gantz
tugent steter *P,* ganziu tugent stæter *Si.,* ganzer tugende stæten *Sch.*   49 Die
Sch.

24124 Stellt euch vor:
   25 die Wellen flossen
       und überschlugen sich,
       sichtbar und unsichtbar.
       Eine brauste
       noch über sie hinaus;
   30 die nächste schoß mit Gewalt
       über Brust und Hände:
       dazwischen blieben frei
       und deutlich zu sehen
       das rechte Auge und der Mund;
   35 eine dritte Welle
       ging auf den Nabel abwärts,
       ließ in der Mitte die Stelle frei,
       wo die Minne praktiziert wird,
       und reichte bis an das Knie;
   40 die vierte schoß hinab
       über die Beine auf den Fuß.
       Es war nicht zu verheimlichen
       und bot Keii Gelegenheit zu einer Satire:

       ›Herr Lanzelet‹, sagte er,
   45 ›ich stehe dafür ein, daß Eure Dame
       auf ihre Ehre bedacht gewesen ist.
       Was kann das Gewoge anderes bedeuten
       als Tugend und Treue,
       die eine rechtschaffene Frau
   50 ihr Lebtag frei von Gerede hält?
       Wer Lügen über sie verbreitete,
       wäre ein Verleumder.

24153 sehet welh des meres stæte
       hie ist, also ist diu ir.
   55 ir gar wandelichiu gir
       muoz manec wip enprisen:
       ich mein, an ir amisen
       tuot si in vil dicke schach.
       den ir ougen sehent nach,
   60 der ir herze heimlich gert,
       der minnen brievel muoz sin gewert
       uf vroun Minnen gejeide.
       sehet wie ir vüeze beide
       sich vurten, swa si künnen!
   65 ich *ne*wil des nieman günnen,
       der ir so grozer stæte jæhe,
       waz joch hin vür geschæhe.
       nu sehet, ob si ieman sæhe!‹.

       Ein vrouwen man bi ir vant,
   70 die hete her Calocreant
       im zeiner vriundin erkorn.
       die *ne*swante hinden noch vorn
       der hantschuoch umbe niht.
       ob *er* aber sin swante iht,
   75 deswar, daz was vil kleine: 397ʳ
       die waden an dem beine
       von dem vuoz unz uf die biuge.
       Keii sprach: ›ob ich nu liuge,
       waz solte mich des not an gen?
   80 her Calocreant und ich, wir zwen
       waren ie mit geselleschaft
       an einander mit solher kraft,
       daz wir ungescheiden waren.

24154 Sie *P,* om. *Sch.*   60 Des *Sch.*   begert *P.*   61 brievel] brüel *Si.*   62
gejeide] heide *Si.*   64 künnen] künden *P.*   65 wil *P,Sch.*   66 Dem er
P,Sch.   stetikeit *P.*   jehe: geschehe: sehe *Sch.*   70 hatt *P,* hat *Sch.*   72
swand *P,Sch.*   noch *aus* und *korr. P.*   74 Obe aber er sin *Si.*   er
om. *P,Sch.*   77 biuge:liuge *Si.*] bůg: lůg *P,* büege:lüge *Sch.*

24153 Ihre Tugend gleicht
der Beständigkeit des Meeres.
  55 Wechselhafte Liebeslust
bringt viele Frauen um ihren Tugendpreis,
weil sie dadurch bei ihren Liebhabern
schachmatt gesetzt werden.
Denen sie schöne Augen machen
  60 und nach denen ihr Herz verlangt,
solch eine Botschaft will beantwortet sein
auf der Pirsch der Göttin Minne.
Seht doch, wie ihre beiden Füße
in eine Furt einladen, so deutlich es geht.
  65 Ich gönne niemandem,
der sich auf ihre Treue verlassen hätte,
was da passieren könnte.
Seid auf der Hut, falls sie einer so zu sehen bekäme!‹

Neben ihr saß eine Dame,
  70 die Herr Calocreant
sich zur Geliebten erwählt hatte.
Die brachte der Handschuh
weder vorn noch hinten ganz zum Verschwinden.
Was er davon nicht verbarg
  75 war sehr hübsch anzusehen:
schlanke Beine
von dem Fuß bis an die Beuge.
›Selbst wenn ich lügen wollte‹, sagte Keii,
›warum sollte ich darüber betrübt sein?
  80 Herr Calocreant und ich, wir zwei
waren immer so gute Freunde,
so eng miteinander verbunden,
geradezu unzertrennlich.

24184 des wolten ouch varen
   85 unser beider vriundinne,
      daz si der selben minne
      durh unser liebe wielten
      und unerwert behielten.
      wie möht uns baz geschehen sin?
   90 ez ist an in beiden schin
      grozer tugende geliche wage.
      in endarf nieman lage
      an unstæte setzen.
      si kunnen beide hetzen
   95 alle man an die vart,
      da ir lip niht würde gespart.
      daz wir si haben, wol uns wart‹.

      Vrouwen unde ritter lachten des.
      nu muoz min *her* Kales
  200 an siner amien sehen
      daz an den andern was geschehen.
      si was geheizzen Filleduoch.
      diu leite an den hantschuoch,
      der si zer rehten site enzwei
    5 geliche und reht teilte als ein ei.
      von dem gürtel uf zem houbet   *397ᵛ*
      was si des gar beroubet,
      daz si ieman sæhe da.
      niderthalp anderswa
   10 sach man si mit alle.
      Keii mit grozem schalle
      ir spotten began.
      er sprach: ›Kales, sehet her an,
      wie iuwer vriundinne

24184 Danach trachteten auch
85 unsere beiden Geliebten,
so daß sie sich derselben Minne
uns zuliebe befleißigten
und sie unverwehrt ausübten.
Was konnten wir uns mehr wünschen?
90 Wie man an ihnen beiden sieht,
wiegen ihre großen Tugenden ungefähr gleich.
Zum Nachweis der Untreue
braucht ihnen niemand eine Falle zu stellen.
Sie verstehen es beide
95 die Männer verrückt zu machen,
wobei ihr Körper nicht gespart würde.
Wir können froh sein, daß wir sie haben‹.

Die Ritter und ihre Damen lachten schallend.
Jetzt mußte Herr Kales
200 mit seiner Geliebten dasselbe erleben,
was den anderen widerfahren war.
Sie hieß Filleduoch.
Als sie den Handschuh angelegt hatte,
teilte der ihre rechte Körperhälfte
5 wie ein Ei in zwei gleiche Teile.
Von dem Gürtel aufwärts zum Kopf
war die eine Hälfte ausgelöscht,
so daß keiner mehr etwas davon erblickte.
Niederwärts jedoch
10 sah man sie vollständig.
Keii begann sogleich,
allen vernehmlich, darüber zu lästern:
›Da könnt Ihr sehen, Kales‹, sagte er,
›wie Eure Geliebte

24215 iu bestætet ir minne
       von dem gürtel hin uf.
       si hat aber gemeinen kouf
       niderthalp uf geslagen.
       deswar, daz sult ir ir vertragen.
   20 iuch bestet des nidern teiles niht;
       waz dem obern teile geschiht,
       daz sult ir iuch an nemen.
       iu mac des vil wol gezemen,
       daz ir si vil liep habet
   25 und iuwer herze in si grabet,
       wan si manegen mit ir minne labet‹.

       Nach ir wart *er* uf stet
       getragen vrouwen Aclamet,
       die minnete Aumagwin.
   30 diu leite in an, und daz muose sin.
       der schein ze der rehten siten uz
       des libes niht umb ein gruz,
       wan der hals mit dem hare.
       Keii sprach mit vare:
   35 ›wolte ich nu übel sprechen,   *398ʳ*
       waz solde ich danne rechen
       an dirre juncvrouwen?
       ir müget ir wol getrouwen,
       her Aumagwin, aller eren.
   40 bittet si die vrouwen leren,
       so si ir har rihten,
       daz si ez also slihten
       und ze vröuden stellent ir nac.
       swenne si halt dar an lac,
   45 so ist er doch harte sleht.

24215 bestetiget *P.*   21 Swaz *Sch.*   27 er *om. P.*   31 Do *Sch.*   37
jumpfrawen *P.*   38 mǒgen *P.*

24215 Euch wirklich liebt,
nämlich oberhalb des Gürtels.
Unterhalb jedoch
ist sie offen käuflich.
Das müßt Ihr ihr nachsehen.
20 Die inferior pars ist Euch nicht gemäß;
dagegen ist die superior pars Euer,
und mit der solltet Ihr zufrieden sein.
Es steht Euch wohl an,
daß Ihr sie so lieb
25 und Euer Herz an sie verloren habt,
da ihre Minne so vielen zum Labsal wird‹.

Als nächster Dame wurde der Handschuh jetzt
Aclamet gebracht,
der Geliebten Aumagwins.
30 Sie kam nicht umhin, ihn anzulegen.
Da wurde die rechte Hälfte
ihres Körpers unsichtbar
bis auf ihren Hals und ihr Haar.
Keii bemerkte boshaft:
35 ›Was könnte ich,
wenn ich ihr übel wollte,
dieser jungen Dame vorwerfen?
Ihr könnt Euch auf ihre Ehrbarkeit
verlassen, Herr Aumagwin.
40 Laßt sie die Damen lehren,
wie man das Haar beim Kämmen
so geschickt frisiert,
daß der stolze Nacken sichtbar bleibt.
Wann immer sie darauf gelegen hat,
45 er ist ganz gerade.

24246   si hat doch heimlicher striche reht
        nach minne geschicket, wol bekant,
        daz der nac und daz gewant
        noch minne muoz enpfahen.
50   si sol *iu* niht versmahen.
        si kan waz dar uf stet:
        ob si es genozzen, hin get
        si, graset dicke unde klet‹.

        Hie mite wil ich beliben lan
55   da mite und ich gesaget han
        von vrouwen und von meiden.
        wan ich niht wol bescheiden
        und wol erkennen kunde
        noch in vil maneger stunde
60   daz manecvalte wunder,
        daz der hantschuoch besunder
        an iegelicher da begienc;
        und wie er ir unstæte gevienc
        in vil maneger hande wise;   *398ᵛ*
65   und Keii mit unprise
        si bespottet unde ruogte.
        wan ez sich niht vuogte,
        daz ich von wiben also vil
        spræche über herzen zil.
70   wan mich sin nie gezam,
        daz ich ir schande und ir scham
        iemer solte üeben.
        niemen kan betrüeben
        baz wibe herzeleit,
75   *d*anne ez min lip mit in treit;
        und ist ir sælde min vröude gar.

24249 Nach *P,Sch.*   vahen *Sch.*   50 iu *Si.*] ine *P,Sch.*   51 swaz *Sch.*   53
grâzet *Si.*   cleit *P,* klêt *zu* klewen ,*klagen' Si.,* doch sieh Komm. S. 200.   58
erkunnen *Sch.*   64 In *P.*   vil *om. Sch.*   74 wijber *P.*   75 Wann *P.*

24246 Sie kennt die geheimen Praktiken
der Minne und weiß,
daß stolzer Nacken und reiche Kleidung
in der Minne Erfolg versprechen.
50 Ihr solltet sie darum nicht tadeln.
Sie versteht sich aufs Liebesspiel;
und wenn sie es einmal genossen hat,
geht sie immer wieder Gras und Klee schneiden‹.

Hiermit soll es genug sein
55 mit dem, was ich von den Damen
und denen, die es werden wollen, zu berichten hatte.
Ich selbst vermochte das Mirakel,
das der Handschuh
an jeder von ihnen vollführte,
60 und wie er ihre Untreue
auf vielfältige Weise entlarvte,
auch bei längerem Nachdenken
weder zu beurteilen
noch überhaupt zu begreifen;
65 schon gar nicht Keiis
ehrenrührigen Spott und Tadel.
Denn es gehörte sich nicht,
daß ich über Geheimnisse von Frauenherzen
so herzöge.
70 Es war nie meine Sache,
mich an etwas zu beteiligen,
was sie beschämte oder ihnen zur Schande gereichte.
Es gibt niemanden,
den weiblicher Kummer mehr betrübt
75 als mich, und der ihn nachzufühlen weiß.
Ich freue mich, wenn sie glücklich sind.

24277 des suoche ich genade dar,
       daz ich iht werde besprochen,
       ob ich habe zerbrochen
    80 dar an minen antheiz.
       wan daz wibes güete weiz,
       daz nieman mac erkennen
       guot, man enbære nennen
       übel und argez da bi,
    85 daz einez dem andern wider si.
       daz ist der werlde kunt.
       swa ich uf der tugende grunt
       wibes lop stæte vesten,
       da wil ich den besten
    90 iemer han gedienet mite.
       deswar, daz was ie min site,
       und wil da mite beliben.
       swaz da von allen wiben
       lobes mac gevallen,   399ʳ
    95 des gan ich wol in allen
       durh der besten willen:
       swa ich enmac niht gestillen
       wipliche missetat
       nach wiplicher brœde rat,
   300 die nieman doch ze laster zelt,
       wan der im schande hat erwelt
       von sinem akusten muot:
       wan ein wip niht wan guotez tuot.
       durh der aventiure sage,
     5 ob ich iht anders bejage
       dar an wan ir hulde,
       daz ist sunder schulde
       minenthalben iemer.

_____

24279 heb _P._   83 Guoter noch entar nennen _Er._   enbor _P,Sch._   97 nit
mag _P,Sch._   300 Da _P._   2 siner aküste _Lei._

24277 Ich bemühe mich um ihr Wohlwollen,
 damit sie mich nicht gleich verurteilen,
 wenn ich einmal
 80 ein Versprechen nicht gehalten habe.
 Gütige Frauen wissen,
 daß das Gute erkennen
 auf das Schlechte und Böse
 verzichten heißt,
 85 weil das eine der Feind des andern ist.
 Das ist allgemein bekannt.
 Wenn ich das Lob der Frau
 auf ihre Tugend gründe,
 so bezeige ich damit
 90 den besten meine Hochachtung.
 So habe ich es immer gehalten,
 und dabei soll es bleiben.
 Was den Frauen
 an meinem Lob gefällt,
 95 das gönne ich ihnen allen
 um der besten willen:
 auch dort, wo ich weibliche Fehltritte
 nicht verhehlen kann,
 um ihrer Schwachheit beizustehen,
 300 die ihnen nur der als Sünde vorhält,
 der sich mit seiner tückischen Gesinnung
 selbst Schande macht:
 denn eine Frau handelt immer gut.
 Wenn ich meiner Quelle folgend
 5 mir anderes erworben habe
 als ihr Wohlwollen,
 so ist das ganz
 ohne mein Verschulden geschehen.

24309 von in wil ich niemer
10   mit minem dienste wenden.
      hie mite wil ich enden,
      mine tage niht swenden.

      Ob ich nu durh unmaze
      die prüevunge laze,
15   diu an den rittern geschach,
      daz würde vil lihte ungemach
      wibes süezer güete.
      swie ich mich nu hüete,
      man mac mich doch besprechen,
20   wil man an mir zerbrechen
      noch der werlde lones wert,
      des doch min dienest gert.
      wan ich mich des mine tage
      ie gevleiz und den willen trage
25   sunder wandelunge.
      herze unde zunge
      ist ir erbære dienest gar.
      man weiz ouch daz vür war:
      swer deheiner dinge arebeit
30   an der werlt kurzwile leit,
      daz tuot er gar ane wibes gruoz.
      ich enweiz noch, weder ich muoz
      swigen oder sagen.
      mich heizet unmaze dagen,
35   so tuot mich sprechen wibes nam
      und diu aventiure sam:
      den zwein wil ich volgen.
      ist mir ieman erbolgen,
      deswar, daz muoz also stan.

399ᵛ

24316 vil *om. Sch.*   17 süße *P.*   18 Swie *Sch.*] Wie wol *P.*   21 Nach *P,*
Sch.   22 begert *P,Sch.*   25 Yēmr sunder *P.*   31 ane] an *Si.*

24309 Ich werde niemals aufhören,
10 ihnen gefällig zu sein.
    Damit genug davon:
    ich will meine Zeit nicht vergeuden.

    Wenn ich nun, weil es zuviel würde,
    die Handschuhprobe beiseite ließe,
15 der die Ritter unterworfen wurden,
    darüber wären die reizenden Damen
    in ihrer Güte sicher ungehalten.
    Obwohl ich mich in acht nehme,
    man kann mich tadeln,
20 wenn man beabsichtigt,
    mir den Lohn der Welt vorzuenthalten,
    um den ich doch diene.
    Denn darum habe ich mich zeitlebens
    bemüht, und habe die Absicht
25 es unbeirrt weiter zu tun.
    Herz und Zunge
    sind ihrem ehrenvollen Dienst verpflichtet.
    Auch das ist wahr:
    wer keinerlei Mühsal auf sich nimmt,
30 um zu geselliger Unterhaltung beizutragen,
    hat keinen Dank von den Frauen zu erwarten.
    Ich schwanke noch,
    ob ich schweigen oder reden soll.
    Die Sorge vor Überlänge rät abzubrechen,
35 aber die Frauen wünschen, daß ich fortfahre,
    und die Erzählung auch:
    ihnen beiden will ich gehorchen.
    Zürnt mir einer deswegen,
    kann ich es nicht ändern.

24340 mac ich der besten hulde han,
    so klage de*nne* der arge ban.

    Hie wil ich von den rittern sagen.
    der hantschuoch wart wider getragen
    vür den künec da der saz,
  45 der in so gar sunder haz
    leite an sine rehte hant.
    da von er halber verswant,
    daz sin umbe niht schein.
    do sprach min her Gawein:
  50 ›ritter, ir sult vro wesen:
    ir sit ledic und genesen
    vor dem hantschuoch, sit in hat
    min herre sunder missetat   *400**ʳ*
    gewunnen an alle*m* reht,
  55 als ir und der bote seht,
    wan ez des boten bete was‹.
    do sprach Keii li seneschas:
    ›der bote erlat es niemen.
    ir müezet umb den riemen,
  60 her Gawein, sten ze buoze,
    den ir *namet* mit valschem gruoze
    Fimbeus mit strazen roube
    von der künegin urloube,
    ob ir nu daz erarnet.
  65 nu sit des gewarnet!
    wir müezen ez an sehen:
    kan er herzen stæte spehen,
    so mac ez hie wol geschehen.

24341 denne] dem *P,Sch.* 54 allen *P.* 58 Der ~~spra~~ bott ~~es~~ *P.* 59 müßent
es *P.* 60 Hern *P.* 61 namet *om. P,Sch.* 62 Finbeusen *P.*

24340 Wenn ich auf die Gunst der Besten rechnen kann,
mag die Schar der Übelwollenden klagen.

Es soll nun von den Rittern die Rede sein.
Der Handschuh wurde wieder
zum Thron vor den König gebracht.
45 Der zog ihn ganz unbesorgt
über seine rechte Hand.
Dadurch wurde seine rechte Körperhälfte
vollständig zum Verschwinden gebracht.
Herr Gawein nahm sogleich das Wort:
50 ›Kameraden‹, sagte er, ›Ihr könnt Euch freuen:
die Handschuhprobe
bleibt Euch erspart,
da unser königlicher Herr sich als untadelig erwiesen
und ihn damit rechtens gewonnen hat.
55 Ihr habt es alle und die Botin hat es gesehen,
und damit ist ihre Bedingung erfüllt‹.
Keii, Chef des Protokolls, war anderer Ansicht:
›Die Botin hat niemanden ausgenommen.
Vor allem Ihr, Herr Gawein,
60 müßt noch beichten,
daß Ihr Fimbeus den Gürtel
unter Bruch der Gastfreundschaft wie ein Straßenräuber
und im Einvernehmen mit der Königin weggenommen habt.
Seht zu, ob sich das auszahlt.
65 Ich warne Euch!
Wir sind alle sehr gespannt:
wenn der Handschuh wirklich ins Herz sieht,
muß sich das jetzt erweisen.

24369 Deswar, min herre Gawein,
   70 durh dise rede al ein,
      die ir nu habet getan,
      sult ir in nimmer an
      mit keiner sicherheite legen.
      welt ir die ritter under wegen
   75 lazen an ir missetat,
      sit man vor die vrouwen hat
      da mite alle beswæret?
      obe ir in holt wæret,
      ir soltet die rede han verswigen.
   80 wurde dirre bote des bezigen
      und sin vrouwe dar zuo,
      daz si den hantschuoch nu
      uf wibes haz sande   400^v
      her von ir lande,
   85 waz möhtet ir des geniezen?
      ob sin die ritter liezen
      der künec und der bot,
      so möhten die vrouwen klagen got,
      daz wir an in prüeveten spot.

   90 Wænet ir daz der künec habe
      mit dirre rede die riche gabe,
      ob er gitic ist, gewunnen?
      wan er nieman wil gunnen,
      wan ime, deheiner eren,
   95 er kan ez wol keren
      allez an sinen vrum.
      ditz ist daz houbet und daz drum,
      daz diu werlt an im hat, und ist
      vertœret siner tage vrist.

24377 bewart *P,* bewæret *Sch.*   79 solt *Sch.*   85 mohten *P.*   91 gabe]
habe *P,Sch.*

24369 Jedenfalls, Herr Gawein,
70 wird Euch der listige Vorschlag,
den Ihr gerade gemacht habt,
nicht vor dem Risiko schützen,
das mit dem Anlegen des Handschuhs verbunden ist.
Und außerdem, warum sollen die Ritter
75 von der Selbstentblößung verschont bleiben,
nachdem alle Damen
unter ihr leiden mußten?
Von einem Kavalier, der Ihr doch sein wollt,
hätte man anderes erwartet.
80 Sollte man der Botin und ihrer Herrin
den Vorwurf machen können,
sie hätten den Handschuh
aus purer Frauenfeindschaft
an unseren Hof geschickt,
85 was würde man dann von Euch halten?
Falls der König und die Botin
die Ritter dispensierten,
dürften die Damen sich mit Recht bei Gott beklagen,
daß wir sie zum Gespött gemacht haben.

90 Glaubt Ihr, der König hätte
das kostbare Geschenk errungen,
wenn er habgierig wäre?
Falls er die Ehre niemandem gönnte,
außer sich selber,
95 würde er alles nur noch
zu seinem eigenen Vorteil tun.
Das wäre Anfang und Ende von dem,
was die Welt an ihm zu haben glaubt,
und sein Leben wäre nichts als Torheit gewesen.

24400 diu in den milten nennet,
       vil übel si bekennet,
       daz er ist also arc
       und in allen dingen so karc.
       daz er ez gar ze ime nimt,
  5   nimmer ez ime wol gezimt.
       er solt doch lazen etewaz
       vor der hant: daz stüende baz,
       dan daz er ez allez wil bevahen.
       ja was ime gen̄uoc nahen
  10   her Calocreant oder ich,
       daz er des niht verdæhte sich,
       daz er uns in hete gelazen,
       oder den andern die da sazen.   *401ʳ*
       dem kopfe er daz selbe tet.
  15   er kan wol verzihen die bet,
       dar an er selber vrum hat.
       her Gawein, sit ez also stat,
       so leget *in* an, des *en*is̄t niht rat‹.

       Gawein tete sin gebot,
  20   wan er gar wenic sinen spot
       an dem hantschuoch entsaz.
       deswar, er enzam ime baz
       denne Artuse. er*n* zam niht wirs,
       als diu aventiure mirs
  25   swuor sunder lougen.
       Keii sprach: ›wie tougen
       daz vor uns ist ergan,
       daz er den hantschuoch an
       mit losen hat gewunnen,
  30   daz er im sin sol gunnen.
       wie wol er kan kosen!

24409 genuoc *Si.*] gemůch *P,Sch.*   10 oder *aus* und *korr. P.*   18 So legt in
an des ist niht rat *Si.*   in an] ieman *P,Sch.*   ist *Si., om. P,Sch.*   23 er *P,Sch.*

24400 Die ihn als Wohltäter gepriesen hat,
die Botin käme zu der gegenteiligen Einsicht,
daß er nichtswürdig
und ein Geizhals sei.
Es gereichte ihm nicht zum Ruhm,
5 daß er den Siegespreis allein für sich haben will.
Er sollte den anderen auch etwas
zukommen lassen: das wäre königlicher
als sein alleiniger Anspruch auf den Handschuh.
Herr Calocreant und ich
10 standen doch nahe am Thron,
er hätte ihn ohne Zögern
uns überlassen können,
oder den andern anwesenden Rittern.
Mit dem Becher ist er doch genau so verfahren.
15 Er weiß also Anträge abzulehnen,
die nur ihm selbst Nutzen bringen.
Da es so steht, Herr Gawein,
bleibt Euch nichts anderes übrig, als den Handschuh anzulegen‹.

Gawein kam der Aufforderung nach,
20 denn er versah sich davon
keiner Bloßstellung.
Er kam fast noch besser davon als Artus:
es war nichts an ihm auszusetzen.
Das behauptet jedenfalls
25 die mir vorliegende Quelle.
›Es wird ein Geheimnis bleiben‹, sagte Keii,
›was sich vor unsern Augen abgespielt hat:
wie er den Handschuh
heuchlerisch dazu gebracht hat,
30 daß er ihm so wohlgesonnen ist.
Er ist eben ein Schönredner!

24432 einer katzen spise losen
       erlost er wol ane die mus,
       so si hundert werbe ein hus
35   dar nach hete erloufen.
       sus kan er erkoufen
       mit losen, swaz er haben wil.
       ez*n* hilfet in hie niht ze vil,
       wie vil er kunne losen.
40   sin blideclichez kosen
       und sin wiplicher site,
       da verwahet er nu wenic mite,
       wie gar franzois er nu si.   401*v*
       er muoz sin doch nu wesen vri,
45   wan *ins* der künec nu niht erlat,
       der in vor ime gewunnen hat,
       swie *ez* halt dar nach ergat‹.

       D*iu* gelübede muoz wesen ganz.
       den hantschuoch Giremelanz
50   an leite unervorht.
       an dem er ouch wunder worht.
       er swante in, aber niht gar:
       ougen, munt, hals und har,
       daz schein wol zuo gesihte.
55   Keii sprach: ›ich berihte
       iuch der rede wol, ir herren:
       er muoz heim verren
       siner ougen blicke
       über die heide dicke
60   gein Colurmein, da er huote
       der bluomen, die so guote
       vür daz leidic alter sint.

24438 Es *P,Sch.*   45 ins *Si.*] vns *P,Sch.*   nihts *P.*   47 ez] er *P,Sch.*   48
Daz *P,Sch.*   60 huot:guot *Sch.*

24432 Das Lauern einer Katze auf Beute
       befriedigt er, nachdem sie das Haus
       hundertmal danach abgesucht hatte,
  35   sogar ohne Maus.
       So versteht er mit Schmeicheleien
       zu erwerben, was er will.
       Doch soviel er sich erheuchelt,
       hier nützt es ihm nicht viel.
  40   Sein munteres Plaudern
       und sein weibisches Gehabe
       bringt ihm nichts ein,
       wenn er es auch auf französisch versucht.
       Er muß den Handschuh herausrücken;
  45   der König gebietet es,
       der ihn vor ihm gewonnen hat,
       wie immer die Affäre sich weiter entwickelt‹.

       Das Versprechen muß voll erfüllt werden.
       Giremelanz als nächster
  50   legte den Handschuh unbekümmert an.
       Das Mirakel ereignet sich auch an ihm:
       er verhüllte ihn, aber nicht ganz.
       Augen, Mund, Hals und Haar
       blieben sichtbar,
  55   wozu Keii bemerkte:
       ›Ich lege mir die Sache so zurecht, meine Herren:
       er muß seine Augen heimwärts
       in die Ferne schweifen lassen,
       nach dem Garten
  60   in Colurmein, wo er
       Blumen züchtete, die gut
       gegen das leidige Alter sind.

24463 wære er da gewesen blint,
       si wæren worden so veil,
  65   daz ein ieglicher sin teil
       hete genomen, der si wolte.
       der munt dar zuo solte,
       und was ouch daz gezæme,
       daz man in wol vernæme,
  70   so er die heide umbeswief
       und sinen schaden berief:
       wan swer dar in kom, der entlief‹.

       Do nam in her Gasozein,   *402ʳ*
       an dem ouch daz selbe schein.
  75   er*n* wolte niht gar swinden:
       unz uf den gürtel hinden
       von dem houbet er blacte.
       den munt ouch niht bedacte
       der hantschuoch vorn.
  80   daz ander teil was verlorn,
       also daz ez niemen sach.
       Keii aber mit spote sprach:
       ›ob ichz ze rehte sagen sol,
       der munt stüende deshalp wol
  85   so, ritter, iu umbe niht,
       so ir dehein misseschiht
       vrouwen woltet reden nach.
       dar nach ist *iu* harte gach,
       und ist der warheit schin
  90   an der lieben vrouwen min.
       deswar, ich wæne sunden
       daz ir*s* in kurzen stunden
       besprachet an ir minne.

24472 entlief] entslieff *P,Sch.*   73 Gaswein *P.*   75 Er *P,Sch.*   88 iu] vns
P.   91 ir wæne sunt (= sundet) *Er.*   92 irs *Sch.*] ir *P.*   kurzer stunt *Er.*

24463 Wäre er blind gewesen,
      wären sie so billig zu haben,
   65 daß jeder sich, soviel er wollte,
      geholt hätte.
      Der Mund ist sichtbar,
      weil er ihn brauchte,
      damit man ihn rechtzeitig wahrnahm,
   70 wenn er seinen Blumengarten umkreiste
      und seine Verluste berief:
      denn alle Eindringlinge entkamen‹.

      Dann nahm Herr Gasozein den Handschuh
      mit ähnlichem Erfolg.
   75 Die rechte Körperhälfte wollte nicht ganz verschwinden:
      vom Kopf bis auf den Gürtel
      blieb sie hinten sichtbar;
      auch den Mund verdeckte
      der Handschuh vorne nicht.
   80 Alles übrige war verschwunden
      und für niemand erkennbar.
      Keii höhnte:
      ›Um die Wahrheit zu sagen, Ritter,
      Euer Mund wäre
   85 nicht so an den Pranger gekommen,
      wenn Ihr die Damen
      nicht mit übler Nachrede verfolgtet.
      Das ist Euer Hauptgeschäft,
      und unsere verehrte Königin
   90 kann ein Lied davon singen.
      Ich halte es für Sünde,
      daß Ihr ihr kürzlich
      einen unsittlichen Antrag gemacht habt.

24494 ez ensint niht guote sinne,
   95 der sich senet nach dem gewinne‹.

      Nach ime nam *in* Lanzelet,
      dem *er* ouch daz selbe tet,
      doch schein tadels swachez mal:
      diu wintbra sich niht enhal,
  500 die sach man offenlichen da.
      diu ober und diu nider bra
      hal sich niht: die sach man,‘
      und was daz ouge zuo getan.
      daz ander was verborgen.
    5 Keii sprach: ›mit sorgen,
      her Lanzelet, vuoret ir,
      do Milianz iu unde mir
      diu ors an dem nachjagen
      sluoc, und ir uf einen wagen
   10 muoset sitzen durh die not,
      die iu diu müede gebot,
      und ich wunder wart hin
      gevüeret mit der künegin.
      deswar, da *ne*was niht leides an.
   15 habet ir anders niht getan,
      so tuot er iu unreht.
      er hat daz vil rehte erspeht,
      daz ir die gotinne
      verkuret an ir minne,
   20 diu iuch‘zoch *an* dem se.
      wolte ich, ich seite wol me,
      ir wizzet wol, war diu rede ge‹.

                                                                    402ᵛ

24496 in *om. P.*   97 er *om. P.*   98 swache *P.*   500 offentlichen *P.*   3
Und *P.*   12 wunders *Sch.*   14 was *P,Sch.*   leiders *P.*   20 iu *Sch.*   an]
in *P,Sch.*

24494 Es ist ein Zeichen von schlechter Erziehung,
  95   wenn einer sich dazu hinreißen läßt‹.

       Als nächster nahm Lanzelet den Handschuh,
       der ihn nachsichtig behandelte,
       mit nur geringfügigem Tadel:
       die Wimpern waren ausgespart
 500   von der Verhüllung.
       Während die obere und die untere
       sichtbar blieben,
       war das Auge geschlossen,
       und alles übrige den Blicken entzogen.
   5   Keii erinnerte ihn und sich:
       ›es war eine bittere Fahrt, Herr Lanzelet,
       als Milianz Euch und mir
       auf der Verfolgungsjagd die Rosse erschlug,
       so daß Ihr notgedrungen
  10   einen Karren besteigen mußtet,
       müde wie Ihr wart,
       während ich als Verwundeter
       mit der Königin weggeführt wurde.
       Bei Gott, schmachvoll war das nicht.
  15   Wenn Ihr Euch sonst nichts zuschulden kommen ließet,
       geschieht Euch Unrecht von dem Handschuh.
       Aber vielleicht hat er entdeckt,
       daß Ihr die Liebe der Fee
       verschmäht habt,
  20   die Euch auf ihrem See erzogen hat.
       Wenn ich wollte, könnte ich noch mehr erzählen,
       Ihr wißt schon was‹.

24523 Den hantschuoch nam her Iwein,
     an dem er tadels male klein
25 erzeiget, und doch etewaz.
     an ime er niht mer vergaz
     wan des vuozes und der hant.
     Keii sprach: ›sehet den wigant,
     wie rehte gern er stritet,
30 und wie er dar nach gitet!
     heil uns daz Gelücke erwarp,
     daz ime sin lewe erstarp!
     wan solte er noch mit ime wesen,
     so enlieze er nieman genesen.
35 wie uns nu des si worden buoz,
     sehet, wie sin hant und sin vuoz
     nach mordes werke girdet!
     der sin rehte innen wirdet,
     der gesaget nimmer daz widerspel,
40 und *o*ch der warheit hel
     wenic in solich spot bewac‹.
     Erec, fil de roi Lac,
     nach ime nu bewæret wart.
     an dem er ouch niht enspart
45 waz er des tadels begreif.
     über die brust als ein reif
     ein blœze umb und umbe gie,
     diu in volleclichen bevie.
     nieman sach in anderswa.
50 nu was Keii aber da
     und sprach: ›lieber vriunt min,
     ez ist an iu vil wol schin,
     daz nach vrouwe Eniten
     iuwer herze begunde striten
55 so sere unde ringen.

403ʳ

24540 och] uch *P*, daz iuch *Sch*.   45 Swaz *Sch*.   48 vollecliche *Sch*.

24523 Iwein ergriff jetzt den Handschuh,
      der an ihm wenig zu tadeln fand
  25 bis auf eine Kleinigkeit.
      Er ließ alles den Blicken entschwinden
      außer Fuß und Hand.
      ›Seht den Kämpen‹, sagte Keii,
      ›wie gern er sich schlägt
  30 und geradezu danach lechzt!
      Wir müssen Fortuna danken,
      daß sein Löwe tot ist.
      Wenn er den noch hätte,
      ließe er niemanden mit dem Leben davonkommen.
  35 Jedoch, obwohl wir vor dem sicher sind,
      Iwein sinnt mit Hand und Fuß
      noch immer auf Kampf um Leben oder Tod.
      Wer sich darauf einläßt,
      hat keine Gelegenheit mehr, davon zu erzählen,
  40 damit ihn die reine Wahrheit
      wenigstens vor Schande bewahrte‹.
      Erec, Sohn des Königs Lac,
      wurde nach ihm auf die Probe gestellt.
      An ihm ließ der Handschuh auch nichts im dunkeln,
  45 was er für tadelnswert hielt.
      Über seine Brust legte sich wie ein Reif
      eine Blöße, die ihn rund herum
      ganz umfing.
      Sonst war nichts sichtbar.
  50 Keii war sofort zur Stelle.
      ›Mein lieber Freund‹, sagte er,
      ›man sieht Euch noch an,
      wie sehr Euer Herz
      nach Frau Enite verlangt
  55 und um sie gekämpft hat.

24556 des wolte iuch betwingen
       ir schœne und vrou Minne.
       als ich mich versinne,
       daz *en*ist sit niht behalten,
   60 ir enwellet mit ir gewalten.
       so hat si verdienet daz,
       daz an iu minne und der haz
       nimmer sich geparrieret?
       wan si so corrieret
   65 iuwer ors mit solhen triuwen,   *403ᵛ*
       daz iuwer vröude niuwen
       wol von schulden mohte.
       wan ez iu niht entohte,
       daz ir von vrouwen enpfienget
   70 den dienst, und übergienget
       dar nach vroun Minnen gebot,
       und ernest kerte*t* ze spot.
       lat iuch niht riuwen, so iuch got‹.

       Her Lucanus der schenke,
   75 ob ich sin reht gedenke,
       der muose in nu an legen,
       wan in Keii under wegen
       vil ungerne liez,
       der in an tuon hiez.
   80 ane widerrede daz geschach.
       niht mer er an im zerbrach
       als an den andern sin reht.
       ze der rehten siten oben sleht
       mit alle er in swande,
   85 daz *im* des niht entwande
       wan diu hant und daz knie.

24559 ist *P,Sch.*   72 kerte *P.*   85 ine *P,Sch.*

24556 Das machte ihre Schönheit
und die Macht der Frau Minne.
Doch wenn ich mich recht erinnere,
ist es nicht dabei geblieben,
60 vielmehr habt Ihr ihr Gewalt angetan.
Doch hatte sie das verdient,
daß sich Liebe und Haß
in Euch nicht versöhnten?
Denn sie hat Eure Rösser
65 mit soviel Treue gebändigt,
daß Ihr wieder
Grund zur Freude hattet.
Es stand Euch nicht wohl an,
daß Ihr Euch von einer Dame
75 Dienste erweisen ließet,
und der Minne Gebot übertratet,
und Treue für nichts achtetet.
Gebe Gott, daß es Euch nicht länger schmerzt‹.

· Herr Lucanus, der Mundschenk,
75 wenn ich mich nicht irre,
mußte jetzt den Handschuh anlegen,
weil Keii auch ihn
nicht auslassen wollte
und dazu aufforderte.
80 Er gehorchte ohne Widerrede.
Der Handschuh flickte ihm nicht mehr am Zeuge
als den anderen auch.
Er ließ die rechte Körperhälfte
von oben bis unten einfach verschwinden,
85 so daß nichts übrig blieb
als die Hand und das Knie.

24587 Keii die rede under vie
       mit spote und sprach: ›wie milte er ist!
       er schenket kniende alle vrist:
   90 er sol ein vrouwen schenke sin!
       got gesegene mir die min,
       und mache si des durstes vri,
       daz er iht dicke vür si
       durh durst kniewen müeze.
   95 er machte ez ir so süeze,
       daz si ez gerne nüzze,
       kœme ez ir iht ze schüzze.
  97a *des kniewens mich verdrüzze*‹.

       Parzival nam in do.
       des wart Keii sere vro,
  600 dar umbe daz er sæhe
       wes er ime da jæhe.
       er swante in, und doch niht gar.
       ime bleip des libes bar
       obene ze tal ein straze,
    5 wol breit in der maze,
       als zwene vinger sint.
       Keii sprach: ›do er ein kint
       was, ditze er erwarp,
       wan im sider nie verdarp
   10 an deheiner sache sin pris.
       in hat sider mane*gen* wis
       diu tugent so gerichet,
       daz er daz niht gelichet
       ze kintlicher missetat,
   15 diu doch ze kleinem schaden stat.

404^r

24594 turstes willen *P.*   95 anders so *P.*   97 keme *P,Sch.*   97a *ergänzt*
Si.   601 do *Sch.*   3 da des *P,Sch.*   4 herab zů *P.*   wol ein *P.*   9 sider
Si.] sither *P,* sicher *Sch.*   10 keynerhand sachen *P.*   11 sider *Si.*] sither *P,*
sicher *Sch.*   manig *P.*   13 Daz er des niht getîchet *Er.*   daz] dem
Sch.   14 So *Er.*

24587 Keii nutzte das gleich
       zum Hohn: ›Wie großzügig er ist!
       er schenkt immer kniend:
  90   man sagt, er sei ein Damen-Schenke!
       Der Himmel schütze die meine
       und lasse sie nicht durstig werden,
       damit er nicht vor ihr knien muß,
       um ihren Durst zu stillen.
  95   Er könnte ihr so süßes Getränk verabreichen,
       daß sie es begierig einschlürfen würde,
       wenn es auf sie zu käme.
 97a   Auf solche Kniefälle verzichte ich gern‹.

       Jetzt ergriff Parzival den Handschuh.
       Auf den war Keii besonders erpicht,
 600   er war gespannt darauf,
       was der Handschuh ihm ankreiden würde.
       Jedenfalls verhüllte er ihn nicht ganz.
       Von seiner rechten Körperhälfte
       blieb von oben herab
   5   eine Bahn sichtbar,
       die etwa zwei Finger breit war.
       ›Das hat er sich zugezogen‹, sagte Keii,
       ›als er noch Kind war.
       Denn später hat sein Ruhm
  10   bei keiner Gelegenheit mehr Schaden genommen.
       Er ist seitdem
       so vollkommen geworden,
       daß er das nicht bloß
       für eine kindliche Verfehlung hielt,
  15   die wenig zu bedeuten hat.

24616   daz ist ein wunderlicher site,
        ob er wone da ieman mite,
        daz er von siner muoter vuor
        als ein tore, und in der vuor
20   nach ritterschaft ze hove kam;
        daz er ein vingerlin nam
        einer vrouwen und si kuste,
        also dicke in geluste,
        swie si dar umbe weinet.
25   wan si was vereinet
        an dem bette in dem poulolin.   *404^v*
        des muose diu rede also sin,
        als ez denne wart an ir schin‹.

        Calocreant in da nam,
30   dem er ein teil missezam
        als den andern da vor.
        von dem vuoze uf enbor
        und vorn unz an daz houbet
        wart er des beroubet,
35   daz sin da iht schine.
        hinden uf die vüeze hine
        sach man in da über al.
        Keii sprach: ›daz ist der val,
        den er von dem orse viel
40   in dem walde, da der brunne wiel;
        den *im* vrouwen Laudine man
        mit einem tjoste hete getan,
        als er den stein da begoz.
        siner manheit er da genoz,
45   daz er da zinset die stat
        mit orse und mit sarwat
        und dannen muose ze vuoze gen.

24617 Ob er wone da iemen *Si.*] Ader wane da ieman da *P,Sch.*   21 Da
P,Sch.   30 eins teils *P.*   33 unz] zů biß *P.*   41 im *Si.*] *om. P,Sch.*   42 ei-
ner *Sch.*   47 von dannan *P,* danne *Sch.*

24616 Eine merkwürdige Geschichte ist das,
       wenn sie einem zustößt:
       er verließ seine Mutter
       im Narrenkostüm,
   20 um am Hofe ein Ritter zu werden;
       und nahm einer Dame ihren Ring
       und küßte sie,
       so oft er Lust hatte,
       obgleich sie weinte.
   25 Denn sie lag allein
       auf ihrem Bett im Zelt.
       Das konnte für sie unmöglich gut ausgehen,
       wie sich nur zu bald zeigte‹.

       Calocreant nahm ihn,
   30 dem er auch nicht genau paßte
       wie den anderen vor ihm.
       Vom Fuße aufwärts
       und vorn bis zum Kopf
       wurde die rechte Körperhälfte weggezaubert,
   35 daß nichts davon übrig blieb.
       Hinten dagegen bis zu den Füßen
       war alles sichtbar.
       ›Das kommt von dem Sturz‹, sagte Keii,
       ›als er vom Rosse fiel
   40 in dem Wald mit der Quelle,
       den ihm Frau Laudines Mann
       mit einer Tjost zufügte,
       nachdem er den Stein begossen hatte.
       Dank seiner Tapferkeit
   45 zahlte er für den Liegeplatz
       mit Roß und Rüstung
       und mußte zu Fuß nach Hause gehen.

24648   des muose er ouch hie besten,
        umbe daz ez ime geschach.
   50   die rede er uns selber verjach,
        daz er in also nider stach‹.

        Waz solte ich des sagen me?
        nach im Bruns Sempite
        disen hantschuoch an leite –
   55   da von wart niht me geseit –
        und alle die da waren.
        der began mit spote varen
        dar nach Keii, und er ie   *405ͬ*
        an iegelichem male vervie.
   60   swie si ez ungern sæhen,
        vil manegen spot wæhen
        er von iegelichem,
        arme*m* unde riche*m*,
        prüevet unde machet,
   65   wan er dar uf wachet
        und vleiz sich swa er kunde.
        mit sin selbes munde
        bespottet er dicke selber sich.
        war umbe solt ez denne mich
   70   beswæren, swaz er sin getreip,
        die wile er im selben niht entleip,
        weder vriunden noch magen?
        der began sinen spot jagen,
        des enwolde in niht betragen.

24649 Umbe *Si.*] Biß *P*, Unz *Sch.*   50 Der *Sch.*   selp *Sch.*   53 Bruns *Si.*]
Bruner *P,Sch.*   55 wirt *Sch.*   58 **D**ar *P.*   62 iegelichen *Sch.*   63 Armen
vnd rijchen *P,Sch.*   71 Sit er *Sch.*   selbs *P.*   73 sin *Sch.*   lâgen *Si.*

24648 Dort mußte er eingestehn,
wie es dazu gekommen war.
50 Er hat uns selbst erzählt,
daß er vom Pferd gestochen wurde‹.

Was sollte ich noch mehr berichten?
Wie Bruns Sempite
den Handschuh über die Hand zog
55 und noch mehrere andere,
das brachte nichts Neues.
Keii begoß sie alle
mit seinem Hohn
und spießte ihre Schwächen auf.
60 So sehr ihnen das mißfiel,
sein Spott war immer treffend,
den er für jeden einzelnen,
gleichviel ob er hoch oder niedrig gestellt war,
aussuchte und ihm zudiktierte.
65 Er wachte, so gut er konnte,
über den Anstand bei Hofe.
Und er machte sich oft genug
auch über eigene Schwächen lustig.
Warum sollte ich mich
70 über seinen Hang zur Satire aufregen,
solange er sich selbst nicht schonte,
so wenig wie Freunde und Verwandte?
Nachdem er einmal damit angefangen hatte,
konnte er nicht mehr aufhören, alles und alle zu verspotten.

24675 Als nu disiu rede was ergan,
Kei*n* sprach diu massenie an,
daz er daz selbe ouch tæte.
do swuor er mit stæte,
er enkœme im niemer an sin hant.
80 ez*n* wære dar umbe so gewant
niht, daz er ime zæme.
swer sich des an næme,
daz er in tragen wolde,
wie gerne er dem solde
85 sinen teil dar an lazen.
ime kœmen wol ze mazen
zwene guot scheblinc,
die er umb die pfenninc
koufte in einem krame;   *405ᵛ*
90 und *eng*æbe ein brame
niht umb dirre hundert.
diu rede den boten wundert.

Uf stuont do diu maget.
Artuse si genade saget,
95 daz si so wol was gewert,
des si an in hete begert
ir vrouwen wegen, diu si sante dar.
dar zuo si neigete der schar
und gerte urloubes wider.

24676 Kay *P.*   77 ouch *om. Sch.*   79 enkeme *P,Sch.*   80 Es *P,Sch.*   86
keme *P,* kæmen *Sch.*   90 geb *P,Sch.*   97 Von ir *P,Sch.*   wegen *om.*
Sch.   99 begerte *P,Sch.*

24675 Als man mit der Handschuhprobe soweit gekommen war,
       forderte die Hofgesellschaft Keii auf,
       sich ihr ebenfalls zu unterziehen.
       Dieser schwor Stein und Bein,
       daß der Handschuh niemals an seine Hand käme.
   80 Der sei so beschaffen,
       daß er nicht für ihn gemacht sei.
       Wer den Wunsch habe,
       sich mit ihm zu schmücken,
       dem werde er gern
   85 seinen Anspruch darauf abtreten.
       Ein Paar Handschuhe,
       wie er sie gebrauchen könne,
       würde er gegen Bezahlung
       auf dem Markt kaufen.
   90 Dagegen würde er keinen Pfifferling
       für hundert Wunderhandschuhe ausgeben.
       Die Botin hörte das mit Erstaunen.

       Sie erhob sich,
       bedankte sich bei Artus dafür,
   95 daß er ihre Bitte erfüllt habe,
       die sie im Auftrage ihrer Herrin vorgetragen hätte,
       und um deretwillen sie gekommen sei.
       Sie verneigte sich vor Rittern und Damen
       und verabschiedete sich.

7
Kommentar zur Handschuhprobe

23025–23027
Die Königin ist als Anstifterin des Gürtelraubs sogar mehr als mitbetroffen.

23136–23160
Auftrag der Botin war, den Handschuh interessant und das Handschuhpaar begehrenswert zu machen. Er ist ein Zauberding, eine Art Tarnkappe. Zur vollständigen Verhüllung einer Gestalt gehörte das Handschuhpaar. Der rechte, den die Botin bringt, verbarg nur die rechte Körperhälfte. Dafür besitzt er noch andere, fatale Qualitäten. Er testet die Moralität und läßt diejenigen Körperteile frei, an denen sittliche Defizite offenbar werden oder die man mit solchen in Verbindung bringen könnte.
Darauf versteht sich Keii. Die Herren und Damen des Hofes hatten längst ihre Rollen in den Artusgeschichten. Keii knüpft daran an und deutet bekannte Begebenheiten, meist in malam partem. Der Handschuh läßt vorzugsweise Intimzonen frei, und die Damen sind besonders betroffen. Selbst wenn nicht gerade die inferior pars sichtbar bleibt, findet sich ein Haken, um die Aufmerksamkeit in die gewünschte Richtung zu lenken. Die Szene wird immer wieder zum Tribunal sexueller Verfehlungen und Verdächtigungen.
Daß es darum letztlich geht, unterstreicht der Erzähler, indem er einen Exkurs über Schuld und Unschuld in der Liebe einschaltet, der ebenfalls der Botin in den Mund gelegt ist.
Es geht um die Frage, unter welchen Bedingungen einer Dame ein *amis* erlaubt ist, und wie sie sich ihm gegenüber zu verhalten hat. Nachdem sie ihn erwählt, sich ihm hingegeben hat, ist ihre Treue unteilbar, gehört sie allein dem *amis*, ob sie verheiratet ist oder nicht. Gefordert wird, daß sie *sunder riuwe / niht zwischelt ir triuwe* (v. 23146f.), daß ihre Zuneigung nicht zweigeteilt ist, zwischen dem Geliebten und dem Ehemann etwa oder zwischen wechselnden Geliebten. Von dem *amis* wird dasselbe verlangt, daß *er sich wider si behuot, / als er ir was in der bete / und do si sinen willen tete* (v. 23152–23155). Eine *amie*, die *iht umb ein har / dehein valsch wider in* (v. 23157f.) begeht, ist gerichtet.

Tadelnswert ist nicht der Ehebruch – die Ehe ist kein Thema –, sondern Untreue gegenüber dem Geliebten. Der *amis* kann auch der Ehemann sein, aber darauf kommt es nicht an.

23211–23436

Die Geschichte vom Gürtel des Fimbeus wird hier nicht zum erstenmal erzählt, worauf Heinrich ausdrücklich hinweist: wie Gawein ihn Fimbeus wegnahm – in wenig ritterlicher Manier (*ich wæne, ezn lobete nieman* v. 23409) –, *daz han ich da vor geseit* (v. 23405). Das war geschehen, als Giramphiel zuerst versuchte, sich an Gawein zu rächen (*si wolte sich aber gerochen / an im haben* v. 15047 f.). *wan er ir leit hete getan / an Fimbeuse, ir liebem man: / da wolte si gedenken an* (v. 15029–15031), indem sie ihn zu einem für ihn aussichtslos scheinenden Drachenkampf verleitete, den er dank dem Stein lebend überstanden hatte. In diesem Zusammenhang war auch schon von der Herstellung des Gürtels und von dem unverwundbar machenden Stein die Rede gewesen: *da hat aber der gürtel kraft / vil gar beslozzen ein stein* (v. 14948 f.).

Aufmerksame Leser konnten Bescheid wissen, und es hätte der neuerlichen, von 40 Versen (14936–14975) auf 225 Verse aufgeschwellten Information kaum bedurft. Es hätte genügt, an Giramphiels *nit* (23418) zu erinnern, *do si des lasters gedaht, / daz ir amise geschehen was* (v. 23421 f.), und an ihren mißlungenen, verräterischen Anschlag auf Gawein, der diesen entlastete.

Sehr geschickt ist die lange Unterbrechung der Handschuhprobe nicht. Artus hatte v. 23209 f. den Handschuh schon in der Hand gehabt. Das Spiel konnte beginnen, zu dem der Erzähler nun recht gewaltsam zurücklenken muß: *hie ich ditze mære la / und sage jenez aber sa* (v. 23435 f.).

23502–23505

die selbe klage hatte Heinrich vorher nur bei der gleichartigen Becherprobe zur Sprache gebracht, die er v. 918–2631 erzählt hat. Auf eine von Lanzelets Geliebter Janphie erfolgreich bestandene Mantel-Probe verweist der Erzähler nachher, als ihr der Handschuh gereicht wird (v. 24085–24110). Erzählt wurde davon im *Lanzelet* Ulrichs von Zatzikhoven, wo die Geliebte allerdings *Iblis* heißt (Lanz. 6110–6140). Der habe sie, erläutert Heinrich, nur um seines Helden Lanzelet willen geschont: *wære ir der rihtære / an Lanzelet so wæge niht / gewesen, ir ungeschiht / hete er gerüeget dort als hie* (v. 24087–24090), da *ir doch missezæme / der mantel vil sere* (v. 24109 f.).

WARNATSCHS[12] Konjektur *tihtære* statt *rihtære* steht im Dienste seiner Vermutung, das *Mantel*-Fragment in der Ambraser Handschrift (Wien ÖNB ser. nova 2663, f. 28rb–30rb) sei der Anfangsteil eines verlorenen *Lanzelet*-Romans Heinrichs von dem Türlin. Zum gleichen Zweck liest er (mit SINGER): *daz buoch ander mære verjach* (v. 24094). Der Vers weise „auf M als Seitenstück zur *Krone* hin und zeigt zugleich, daß Heinrich vor der Kr. kein anderes Werk von ähnlichem Umfange geschrieben hatte als eben M" (S. 106). Eine Hypothese, die sich auf gleich zwei Konjekturen stützen muß, ist recht mißlich. Das Wort *mære* ist in P meist Neutrum und erscheint in V immer als Femininum. Gleichviel ob *an dem* oder *an der* anzusetzen ist, keinesfalls *ander*, und die Verwandlung des *rihtære* der Mantelprobe in einen *tihtære*, mit dem „sich Heinrich nur selbst meinen" kann (S. 106 Fn. 1), ist erst recht ganz willkürlich. WARNATSCH hat denn auch für seinen hypostasierten *Lanzelet*-Roman Heinrichs v. d. Türlin keinen Glauben gefunden. Des Dichters Anmerkung, er habe *vor e* außer von *dem kopf* auch von *dem mandel* gesprochen, ist so nicht zutreffend: es geschieht erst 600 Verse später, und da bezieht er sich nicht auf ein eigenes Werk.

23674 *wan daz herze*

Da nur die rechte Körperhälfte zum Verschwinden gebracht wird, wäre das Herz mit der linken sowieso voll sichtbar und nicht als Makel beim Keuschheitstest zu verwerten. Aber Keii sollte seine Invektive gegen Clarisanz am Herzen festmachen.

23863–23891

Die Schmährede (man muß sie so nennen) auf Parzivals Frau und Geliebte Condwiramurs (sie heißt in der *Crone* wieder *Blanscheflor*) ist besonders giftig. Sie wird nicht einmal beim Namen genannt: *ein vrouwe der man niht vergaz, / die minnete min her Parzival* (v. 23864 f.) – das ist alles. Die Anspielung zielt natürlich auf die keuschen Liebesnächte in Pelrapeire, in welchen der schüchterne Parzival eine liebestolle Condwiramurs angeblich schwer enttäuscht haben soll. *si wolte daz ir bürgetor / wære alle wege entslozzen* (v. 23888 f.) ist eine

---

[12] *Der Mantel*, Bruchstück eines Lanzeletromans des Heinrich von dem Türlin, hrsg. von Otto WARNATSCH, Breslau 1883, S. 105–110; hier S. 106

massive Diffamierung und gehört zu Heinrichs Persiflagen vieler *Parzival* - Szenen in schlechten Imitationen[13].

23908 *hindenbare* P

Das Adjektiv ist so von SCHOLL beibehalten und danach von LEXER (I 1292) gebucht und mit ‚glichen den augen einer hirschkuh‘ übersetzt. Es kann so nicht richtig sein. Galaida *getar diu ougen keine vrist / uf getuon* (v. 23918f.) – ‚wie eine Blinde‘: *blindenbære*. *hindenbære* ist aus dem mittelhochdeutschen Wortvorrat zu tilgen.

23911–23958

Es ist die längste Frauenschelte Keiis, und sie richtet sich gegen seine eigene *amie. daz er sine amien bespottet vil baz / danne die andern alle* (v. 23960f.), dient dem Erzähler als Beweis, wie unparteiisch Keii verfährt, und soll die von ihm Bloßgestellten versöhnlich stimmen. Aber die Schelte mündet diesmal in eine Liebeserklärung: ›*Wol mir, daz ich iuch ie gesach*‹ (v. 23944), rühmt Keii Galaida. Wann immer er Pech hatte im Leben, einen Kampf verlor, die Schmach einer Niederlage erlitt, ›*daz hat iuwer tugende vuor / an mir gar verdecket*‹ (v. 23947f.). Von jeher hat sie treu zu ihm gehalten: ›*ir sult hin vür also sin, / als ir unz her gewesen sit: / so müget ir iuwer zit / von triuwen wesen wibes nit*‹ (v. 23955–23958), ‚alle Frauen werden Euch um Eure Treue beneiden‘. Eine Ehrenerklärung!

Wie reimt sich die mit dem vorher Gesagten zusammen, das Galaida geradezu als Prostituierte erscheinen ließ? Sie lasse sich nicht lange bitten, heißt es da, sei immer zur Minne-Tjost bereit: ›*si git ir lip ungebeten, / swie in d e r m a n suochet*‹ (v. 23932f.). Jeder Mann oder nur der eine Geliebte? Die hier verdächtigte Bereitschaft zur Liebe hatte Keii zuvor allein auf sich bezogen: ›*wie ungern si tæte / wider m i c h an keinen sachen, / wie ungern si sich swachen / an deheiner bete liez, / daz si ez niht gehiez / zehant*‹ (v. 23922–23927). Keii weiß, was er an ihr hat, er kann nur Rühmliches von ihr berichten: ›*daz man under disen vrouwen / niemen mac so wol getrouwen / als miner vriundinne*‹ (v. 23912–23914). Sie ist die Beste und die Treueste!

Die Damen, die sich schon durch die vermeintlich bloßgestellte Galaida von ihren vergleichsweise lässigeren Verfehlungen entlastet

---

[13] Dazu mein Aufsatz: Zur Literaturverarbeitung durch Heinrich von dem Türlin in seinem Gawein-Roman *Diu Crone*, ZfdA 121 (1992) 131–174; wieder in meinen Kleineren Schriften, Bd. VII (1995), S. 315–358.

glauben mochten, sähen sich von dem Schalk Keii genarrt. Sie sollen sich fragen, wie es um ihre *triuwe* bestellt ist. Er hatte sie gewarnt: der wäre nicht bei Verstand, der die unverhüllt gebliebene Galaida ›*Velschet an ir minne*‹ (v. 23916): ›*wie reht si uz den andern nam/ diser hantschuoch an stæte*‹ (23920 f.)! Selbst der Entlarver, sollen wir glauben, billigte der augenscheinlich Schamhaften eine Sonderbehandlung zu.

24104 *bizungen*

die argen bi-zungen, ,Doppelzungen, verleumderische Zungen:‘ (LE-XER I, 293), könnten auch *biz-zungen*, ,bissige Zungen‘ sein.

24180–24197

Daß Keii seine *amie* Galaida der namenlosen Calocreants zur Seite stellt, liest sich wie ein Widerruf des an früherer Stelle Gesagten. Es bedarf bei ihnen keiner ›*lage / an unstæte*‹ (v. 24192 f.), hören wir, sie machen alle Männer verrückt, wobei ›*ir lip niht wurde gespart*‹ (v. 24196). Die Liebeserklärung an Galaida: ›*wol mir, daz ich iuch ie gesach*‹ (v. 23944) wird jetzt – allerdings ohne persönliche Anrede – auf ›*unser beider vriundinne*‹ (v. 24185) ausgedehnt: ›*daz wir si haben, wol uns wart*‹ (v. 24197). Jedoch Keiis Beteuerung, daß ›*her Calocreant und ich wir zwen / waren ie mit geselleschaft / an einander mit solher kraft, / daz wir ungescheiden waren*‹ (v. 24180–24184), ist glatt gelogen. Calocreant ist vielmehr sein Intimfeind, und die Abneigung ist wechselseitig. Auch die Freundschaft ihrer Geliebten ist nur vorgespiegelt, und alle wissen das natürlich: *Vrouwen unde ritter lachten des* (v. 24198). Aber warum läßt der Dichter Keii seine brave *amie* da hineinziehen? Er reiht in der Handschuhprobe eine Kette von Einfällen aneinander. Jeder steht für sich, ein Zusammenhang wird nicht gesucht, bis auf den übergeordneten Zweck variierender Decouvrierung.

24243–24245

ze vröuden stellen ir nac meint ,den Kopf hoch tragen‘ mit geradem Nacken, der glatt (*sleht*) bleibt, auch wenn die Dame gerade darauf gelegen hat.

24251–24253

Der Vers 24251, schreibt SINGER (S. 266 f.) „ist nicht herzustellen, da die von Sch. angegebene lesart undeutlich ist, doch heißt es jedenfalls

so viel als ‚sie versteht sich auf das minnespiel‘“ Die von Scholl
angegebene Variante *sint* steht nicht in der Handschrift. *dar uf* muß
von den beiden folgenden Versen her gedeutet werden, mit denen
Singer nicht zurechtgekommen ist. Er zieht überliefertes *graset* zu
grâzen ‚schreien, aufschreien, wüten‘ und *klet* zu *klêwen* ‚klagen,
winseln‘. Warum und worüber sollte die Liebehungrige schreien und
winseln?

klên gehört zu *klê* und ist synonym mit *grasen*, wie Lexer (I,1622)
richtig gesehen hat. Keii will sagen: „wenn sie das Liebesspiel *dar uf*,
‚auf der Wiese‘, einmal genossen hat, geht sie immer wieder Gras und
Klee schneiden“.

24254–24312

Nach seiner nicht gerade zartfühlenden Philippica gegen die Damen,
die er seinem Keii in den Mund gelegt hat, hält es der Erzähler, i. e. der
Dichter, für geboten, sich selbst davon zu distanzieren. Er schiebt es
auf seine Quelle: *durh der aventiure sage* (v. 24304). Indigniert waren
die anwesenden – und durch den Kakao gezogenen – Damen natürlich
über das Spektakel, doch stimmten sie in der Regel in das Gelächter
der Männer mit ein, vielleicht nicht ganz so dröhnend. Gefallen
konnte es denen auch nicht, wenn ihre *amien* verdächtigt oder gar
überführt wurden und sie womöglich als Gehörnte dastanden.

Über die besonders detaillierte Beschreibung von Parkies inferior
pars sind nicht bloß die Damen erbost, selbst den Herren scheint Keii
diesmal zu weit gegangen zu sein, und sie wünschten, *daz er ez hete
verdolt* (v. 24055). Aber *michel schal* (v. 24049), ‚lauten Beifall‘, gab es
trotzdem.

Die Offenheit und Ungeniertheit, mit welcher an dem poetischen
Artushof über sexuelle Dinge gescherzt und gelacht werden kann, ist
geeignet, übertriebene Vorstellungen von Artusidealität bei den Inter-
preten zu korrigieren. Was Keii vorbringt, sind offensichtlich nicht
bloß ausgedachte Verleumdungen, und wenn es Verleumdungen sind
im jeweiligen Falle, beziehen sie sich jedenfalls auf denkmögliche
Sachverhalte. Und die ertappten Sünderinnen bleiben, was sie sind,
amien, honorige Geliebte, ob als Kurtisanen oder Ehefrauen gleich-
viel. Von Minnesang hören wir bei Heinrich v. d. Türlin nichts. Die
Ritter kommen immer gleich zur Sache, nicht bloß Gasozein bei Gi-
nover, auch der Gast Fimbeus hält sich nicht lange bei der Vorrede auf,
als ihr Verlangen nach dem Gürtel ihm eine Chance zu bieten scheint.
Und sie ist die Königin!

24342–24674

Obwohl er sich heftig dagegen verwahrt, ganz unparteiisch ist der Erzähler nicht. Auffällig ist zumindest, daß er Keiis Monita wegen unritterlichen Verhaltens und unhöfischen Benehmens niemals beklatschen läßt. Die Herren unterziehen sich gelangweilt der Prozedur und nehmen Kritik ungerührt zur Kenntnis. Was immer von ihnen berichtet wird: Gaweins Raub von Fimbeus' Gürtel und seine Galanterie; Gasozeins versuchte Vergewaltigung Ginovers; Giremelanzens Ärger mit seinem Garten; Lanzelets Besteigen des Karrens; Iweins dem Löwen zu dankende Siege; Erecs ungerechte Behandlung Enites; Parzivals Jugendtorheiten; Calocreants blamable Niederlage am Zauberbrunnen – es sind ihre bekannten Aventiuren oder Teile davon, und sie werden nicht vorsätzlich mißdeutet wie Condwiramurs' nächtlicher Besuch Parzivals. Lediglich Lucanus, als Mundschenk vorgestellt, wird ob seiner Lüsternheit getadelt. Der sexuelle Bereich wird sonst bei den Rittern kaum berührt, doch waren sie im Grunde bei der Frauenschelte immer mitbetroffen gewesen.

24675–24692

Die Hofgesellschaft möchte zu guter Letzt auch Keii der Prüfung unterworfen sehen. Aber der hatte mit dem Handschuh schon vor Beginn der Prozedur unliebsame Erfahrungen gesammelt und zieht sich mit ihrer totalen Abwertung aus der Affäre. Keinen roten Heller würde er für hundert Handschuhe dieser Machart zahlen und sich lieber ein Paar auf dem Markt kaufen. Die Episode endet mit Desillusionierung. Es war alles nur Theater, und zur Aufdeckung menschlicher Schwächen inszeniert von Keii als Regisseur und Star zugleich.

*

Neben dem von ihm glorifizierten Gawein ist Keii diejenige Gestalt, welche die Phantasie des Dichters am meisten beschäftigt hat. Die Szenen, in denen er ihn auftreten läßt, sind ihm am besten gelungen. Man geht wohl nicht fehl in der Annahme, daß der seinem Sprecher zugeschriebene Sarkasmus Heinrich v. d. Türlin selbst nicht fremd gewesen ist.

Mein vor drei Jahren geschriebener Aufsatz zu seiner Literaturverarbeitung war Teil meiner Überlegungen zur Wolfram-Rezeption im 13. Jahrhundert. Da ging es nur um die Wolfram-Persiflage in der

Crone, einen Aspekt, der ihr nicht gerecht werden konnte. Die an der Handschuhprobe aufgezeigten Qualitäten Heinrichs v. d. Türlin als Satiriker korrigieren das Bild zu seinen Gunsten.